# VIAGEM À ALMA TRICOLOR EM 7 EPOPEIAS

CIP-BRASIL. CATALOGAÇÃO NA PUBLICAÇÃO
SINDICATO NACIONAL DOS EDITORES DE LIVROS, RJ

G315v    Gerchmann, Léo
         Viagem à alma tricolor em 7 epopeias / Léo Gerchmann.
         – 2. ed. – Porto Alegre, RS : AGE, 2016.
         127 p. : il. ; 14x21 cm.

         ISBN 978-85-8343-248-7
         ISBN E-BOOK 978-85-8343-246-3

         1. Grêmio Foot-Ball Porto Alegrense – História. 2. Futebol
         – Torcedores – Rio Grande do Sul. I. Título.

         16-35104            CDD: 796.334098165
                             CDU: 796.334(816.5)

LÉO GERCHMANN

# VIAGEM À ALMA TRICOLOR EM 7 EPOPEIAS

2.ª edição

AGE EDITORA

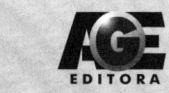

PORTO ALEGRE, 2016

© Léo Gerchmann, 2016

*Capa:*
Nathalia Real

*Fotos:*
Banco de dados / Museu Hermínio Bittencourt

*Diagramação:*
Maximiliano Ledur

*Supervisão editorial:*
Paulo Flávio Ledur

*Editoração eletrônica:*
Ledur Serviços Editoriais Ltda.

Reservados todos os direitos de publicação à
**LEDUR SERVIÇOS EDITORIAIS LTDA.**
editoraage@editoraage.com.br
Rua Valparaíso, 285 – Bairro Jardim Botânico
90690-300 – Porto Alegre, RS, Brasil
Fone/Fax: (51) 3061-9385 – (51) 3223-9385
vendas@editoraage.com.br
www.editoraage.com.br

Impresso no Brasil / Printed in Brazil

*À Dione, ao Pedro e à Paula.*

# *Prefácio*

*Cláudia Tajes*

Como tantos de nós, o Léo Gerchmann é gremista desde antes de nascer, filho de família tricolor e de um pai que tinha no clube sua segunda casa. E fez sua formação inteira nas cadeiras do Olímpico – onde, convenhamos, aprender o que o Grêmio significava foi sempre uma lição muito fácil de entender.

A diferença do Léo para os outros gremistas é que ele não se contentou apenas em ser torcedor: decidiu virar doutor no assunto. E usou seu talento e suas habilidades como jornalista para investigar e esmiuçar fatos até então pouco conhecidos da história do Grêmio. Assim foram escritos seus dois livros anteriores, *Coligay, tricolor e de todas as cores*, sobre a primeira torcida organizada *gay* do Brasil, e *Somos azuis, pretos e brancos*, que desmitificou de vez a imagem do clube elitista e racista. Como milhares de pessoas tão diferentes, mas todas usando a mesma camisa tricolor, não cansam há décadas e décadas de mostrar.

Pois agora o Léo foi ainda mais longe na busca para traduzir em palavras sua paixão pelo Grêmio: foi à alma tricolor. E para explicar tintim por tintim de que é feita essa alma, viajou pela história do clube até chegar às sete epopeias, como ele chama, que nos fizeram imortais: o último jogo de Eurico Lara, a marca de André Catimba, a noite de La Plata, o mundo aos nossos pés em 1983, a campanha de 1995, o título brasileiro de 1996 e, claro, a Batalha dos Aflitos.

É o Léo mesmo quem diz: "Assim como em Star Wars, a saga tricolor supera fronteiras, emociona e está sendo contada aqui em sete episódios – mas claro que não fica restrita a eles". Até porque domingo que vem tem jogo, e na outra semana a tabela pode nos reservar a quarta, a quinta, o sábado. É um capítulo novo cada vez que o Grêmio entra em campo. Alguns escritos com tanto sofrimento que só mesmo as nossas almas talhadas no fogo para aguentar.

Boa leitura e, quando chegar à última página, pode ficar tranquilo. A epopeia continua.

# Sumário

Introdução .................................................................................... 11

**1**  O Gre-Nal Farroupilha ............................................................ 21

**2**  Aquele gol do André Catimba... ............................................. 40

**3**  Guerra em La Plata ................................................................ 61

**4**  O mundo se pinta de azul! ..................................................... 76

**5**  Felipão e seus guerreiros ......................................................... 85

**6**  Bicampeão brasileiro, contra tudo e contra todos ................... 97

**7**  A Batalha dos Aflitos, o épico dos épicos! ............................ 106

Epílogo ........................................................................................ 121

# *Introdução*

Clubes de futebol têm alma. De nada adianta você vir com aquela conversinha desencantada de que clubes são equiparáveis a empresas, frios como elas, calculistas e utilitários como elas. Posso admitir esse raciocínio quando falamos sobre o gerenciamento responsável de uma instituição – até porque clubes são, também, instituições que devem ser tratadas com o zelo dos bons gestores. Não mais que isso, porém. Caso você mantenha o ar sarcástico e insista com argumentos aborrecidamente céticos e tristemente frios, respondo assim: se o futebol é um "negócio", o produto desse "negócio" é a paixão. A essência de tudo está no encantamento esse que tanto falta a quem zomba dos que procuram preservar certa pureza deliciosamente infantil. Ou seja, você não tem saída. Não é uma questão de concordar comigo; é de entender a emoção perene, que assegura um, vá lá, "mercado" de milhões de "consumidores" e um envolvimento emocional repleto de fidelidade e magia. É o romantismo assumidamente tolo e a preservação dos nossos mais remotos vínculos de pertencimento e afeto com um clube, que vão do jogo de botão na primeira infância à parceria entre pai e filho no calor do estádio de futebol. São esses os elementos intangíveis que compõem a paradoxal razão apaixonada de o futebol existir.

A paixão que nos remete ao prazer do lúdico é temperada pela razão que a compreende, que a identifica como um assumido escape em relação ao cotidiano eventualmente enfadonho e muitas vezes sem sentido, pelo menos na aparência. O futebol preserva o menino que vive no homem, e isso é de um valor imenso. O torcedor tem nessa relação um refúgio emocional, o permanente retorno. A camiseta do clube, suas cores, sua história e seu simbolismo, é a madeleine posta no chá de Marcel Proust em busca do tempo perdido. É o resgate da alma. O seu aroma.

Estamos falando, sobretudo, de identidade.

O Grêmio tem alma, uma alma linda, e a alma do Grêmio tem lá suas idiossincrasias. Um ou outro jogador de futebol pode até não entender a liturgia especialíssima da sua atividade. Mas, ao vestir o manto sagrado do clube que defende, passa a uma dimensão que muitos compreendem – e são esses, os que a compreendem, os responsáveis pela manutenção da própria atividade de jogador. Afinal, como já dissemos antes, tudo no futebol, rigorosamente tudo, está ancorado na paixão. Sem ela, babaus! Quando um sujeito reveste seu corpo com o manto gremista azul, preto e branco, assume a identidade e os traços de uma alma generosa, plural e marcada pela beleza da superação, pelos eventuais vincos que são como rugas nesses mais de 100 anos de diversas glórias e alguns naturais dissabores. Ah, o futebol... presta-se a esses delineamentos etéreos.

Como todo DNA, o do Grêmio foi definido na própria gestação do clube, em meio aos descampados repletos de vegetações variadas e animais que pastavam bovinamente no então bucólico Bairro Moinhos de Vento. A hoje sofisticada região da capital gaúcha, com as ruas arborizadas, os parques e praças bem cuidados e as residências requintadas, naquele momento era o extremo norte de Porto Alegre. O vizinho Bairro Auxiliadora recém estava sendo loteado, e o casal Antônio Mostardeiro e Dona Laura apenas começava a prosperar, atraindo para aquela região o comércio que se expandia da Rua Voluntários da Pátria e os casarões que se estendiam da Avenida Independência. Para além do Moinhos de Vento, naquela época, ficava a estrada que levava a Gravataí, o Caminho dos Anjos. A história de crescimento e valorização do bairro se confunde com a do clube, que também começou acanhado. Bairro e clube, portanto, fizeram a cidade se expandir e tomar o molde metropolitano que conhecemos.

Quando o "vovô" Rio Grande veio da cidade homônima, de trem, exibir com um enfrentamento entre seus times titular e reserva o novo esporte em Porto Alegre, o principal fundador gremista, Cândido Dias da Silva, estava lá, na primeira fila. Concentrado, atento a cada detalhe do que via, assistia ao *match* no Campo da Várzea, onde atualmente está o Parque da Redenção, um pouco abaixo da colônia africana do Rio Branco e dos lares judaicos incipientes no Bom Fim. Era feriado, um Sete de Setembro ensolarado em que as flores da primavera despontavam na Porto Alegre daquele remotíssimo 1903. Havia algo como 5 mil pessoas, entre homens curiosos com seus chapéus de feltro e mulheres risonhas com seus leques de seda. Cândido e seus amigos, em sua maioria gente vinculada ao pequeno e ao médio comércio que começavam a prosperar no Moinhos de Vento e na Voluntários da Pátria, costumavam usar uma lustrosa pelota para se divertir nos piqueniques dos extensos arrabaldes porto-alegrenses. Naquele feriado, procuravam aproveitar a oportunidade para aprender de forma empírica, apenas observando as manobras dos atletas rio-grandinos. Pois a bola utilizada pelos quatros "A" e "B" do Rio Grande furou, murchando irremediavelmente. Não haveria como continuar o jogo, o que provocou grande frustração. Cândido, então, teve a ideia de se aproximar dos jogadores inconformados. E a eles sugeriu: emprestaria sua bola! Mas... queria aprender as regras desse esporte tão empolgante. Oito dias depois do episódio aparentemente sem qualquer importância, foi fundado o Grêmio.

Ora, perceba: o Tricolor Gaúcho, clube impressionantemente miscigenado desde os primórdios no Bairro Moinhos de Vento e marcado pela tradição de ser dirigido décadas afora por gente ligada ao comércio e a profissões liberais como as jurídicas e médicas, foi fundado a partir de uma bola de futebol. Que símbolo forte! O Grêmio, um clube tipicamente de classe média, existe em razão do jogo que, não por acaso, é o mais popular do mundo. Não foi criado para disputas náuticas, de remo e muito menos com o intuito de desafiar alguma outra instituição mais antiga e estruturada. Não! O Grêmio existe para si, por si e pelo sentimento que está na sua essência.

Anos depois, esse sentimento foi descrito com precisão pelo maior mito popular da música do Rio Grande do Sul, o compositor Lupicínio Rodrigues, que escreveu o hino com a frase "Até a pé nós iremos, para o que der e vier/Mas o certo é que nós estaremos/Com o Grêmio onde o Grêmio estiver". Profético, o Lupi! Ou simplesmente lúcido, como costumava ser em sua reconhecida genialidade. A ideia de um amor incondicional e da perseverança está no sangue do clube, no seu DNA, na alma. A fundação dessa agremiação linda em 15 de setembro de 1903 teve como origem a centelha de um evento cuja inspiração veio da fronteira, de Rio Grande – e da bola!

Os determinismos cultural e geográfico da formação do Grêmio são evidentes. Em solo gaúcho, no extremo sul do país, a tal alma não poderia deixar de ser castelhana, brasileira e imortal. E isso não a limita, não reduz seu alcance. Pelo contrário! O Grêmio é o clube gaúcho responsável pela introdução do futebol no vasto naco de terra que lutou bravamente para ficar no Brasil, mantendo rasgos platinos evidentes. É uma formatação única. O Grêmio é um clube dado à peleia pela própria honra e pelas cores que se orgulha de ostentar. Os aspectos da sua origem são tão elevados quanto os do seu destino. Não ser um clube que nasceu para desafiar os outros é uma origem alvissareira e elevada. Décadas depois da sua fundação, por conta de algumas peças de marketing rasteiras produzidas por ressentidos representantes do principal adversário, elaboradas a partir de contexto socioeconômico específico, tentou-se reduzir o clube à imagem de uma agremiação fechada, sob o aspecto mais pejorativo que a palavra "elitista" foi ganhando à medida que o século 20 avançava com suas conquistas sociais e progressos na área dos costumes. Nada mais falso! Nos livros *Coligay – Tricolor e de todas as cores* (Libretos, 192 páginas) e *Somos azuis, pretos e brancos* (AGE, 136 páginas), sem deixar de lado as inevitáveis mazelas de uma sociedade que evoluiu estrepitosamente em um alucinante século 20, mostrei a inigualável e exemplar abertura originária às mais variadas diferenças que fazem do Grêmio uma instituição especial. Como costumam dizer os argentinos a respeito dos seus times tradicionais, o Grêmio é um "estado de espírito", que só quem o tem entende. Agora, neste novo livro, fecho aquilo que defino como a minha *Trilogia Tricolor*. É o momento de mergulhar na tal alma paradoxalmente brasileira e castelhana, mas sobretudo imortal, como diz o lindo hino do negro Lupi.

Um dos sete episódios narrados neste livro é aquele que nós, gremistas, entendemos naturalmente e em toda sua amplitude – justamente em razão desse estado de espírito que nos une. A Batalha dos Aflitos foi, sim, a conquista do título brasileiro da Série B, algo aparentemente nada lisonjeiro. Ocorreu como decorrência de um momento dramático desse clube dado a tangos e boleros, com suas dores e com seus amores que perpetuam e até aumentam a paixão e o afeto de seus aficionados. O Grêmio, naquele jogo, atingiu e enfrentou todos os limites possíveis para sair com uma vitória consagradora em ambiente incrivelmente hostil. Pênalti marcado de forma equivocada contra si nos últimos minutos da partida em estádio lotado de rivais raivosos, a expulsão do número exato de jogadores para permitir que o jogo continuasse regularmente, uma defesa milagrosa do eterno gremista goleiro Galatto – na cobrança do tal pênalti – e o surpreendente e espetacular gol, em seguida, do também eterno gremista Anderson, o garoto abusado que emergia da base. Tudo com quatro jogadores a menos que o rival em campo! Sim, quatro jogadores a menos, com pênalti contra si nos últimos instantes, adversários dispostos a usar todos os artifícios de uma guerra na própria casa e ainda, nessas condições adversas, com um gol que garantiu a vitória catártica e o título. Algo aparentemente impossível! Não, ninguém exibe a Batalha dos Aflitos para os outros. O orgulho é íntimo e imenso. Os torcedores do clube fundado a partir da bola o entendem. O sentimento gremista é autêntico e se basta; não é para exibir, muito menos para desafiar; é apenas para se regozijar por ser integrante dessa agremiação linda, de tantas e tamanhas façanhas, com o paradoxo da brasilidade castelhana e a cultuada imortalidade que lhe conferem, por definição, a transcendência – o desprezo a espaço e tempo.

O gremista, quando atinge uma conquista, emociona-se com o seu clube, com o seu feito. O resto não importa. Claro que há o deboche no rival, a chamada "flauta", mas o pensamento do gremista é focado no Grêmio. O resto é secundário, vem depois. O gremista, quando vence, não pensa em mostrar para o outro, mas na própria felicidade, no regozijo, algo íntimo e por vezes inexplicável.

Meu clube do coração pratica um futebol-arte muito peculiar. A beleza, muitas vezes, está na imperfeição de um gol chorado. É a emoção sobreposta à plasticidade. Claro, a beleza não está descartada. Nossos rivais por vezes não entendem os sentimentos que nutrimos em relação a eventos como o dos Aflitos. Até debocham do nosso orgulho. Uma interpretação freudiana tem a força de uma revelação: o Grêmio, como já dito aqui, foi fundado a partir da bola e para a bola. O Internacional, nosso principal adversário, o desafiou formalmente, seis anos depois, quando foi criado. Nasceu para nos desafiar. No primeiro Gre-Nal, nossos dirigentes estenderam a mão. Ofereceram uma festa de apresentação para os novatos e sugeriram enfrentá-los com o time reserva. Os adversários, orgulhosos, não aceitaram. Ambos os gestos são altaneiros. Os novatos queriam o desafio, treinavam para isso. A imprensa contava que rilhavam os dentes. Não teve jeito. Fomos impelidos a ir com a equipe principal e aplicamos uma acachapante goleada de impressionantes 10 a 0. Ali, nessa origem, encontramos muitas explicações para a alma que se consolidou com o tempo e o perfil que se desenhou na História.

∙ ∙ ∙

Aliás, falando em origem, os documentos mais remotos a respeito do nascimento tricolor revelam uma instituição generosa e plural. Já no primeiro e impressionante estatuto, no início do século 20, o clube manifestava explicitamente a aceitação de todas as nacionalidades, opiniões e crenças, com determinante vocação popular. Esse primeiro estatuto revelador, no qual o único veto se dá em relação a menores de 16 anos que não poderiam ser dirigentes por uma questão de natural e óbvia imaturidade, está, na íntegra e devidamente comentado, no meu livro *Somos azuis, pretos e brancos*. Aliás, uma constatação matemática que faço naquele livro: se a única (e justa) restrição estatutária se referia a adolescentes que não poderiam dirigir a instituição, fica claro que todos os dirigentes gremistas conviveram com a época da escravidão, pois no máximo eles teriam nascido em 1887, e a tardia abolição do trabalho escravo no Brasil ocorreu apenas em 1888. É a lógica dos números. Ainda que em meio a esse contexto social, no qual os negros eram forçosamente miseráveis e segregados pela sociedade em geral, com virtualmente todos os clubes compartimentados pela cor da pele, o Grêmio não mantinha quaisquer restrições formais que não fossem quanto à idade. E, de forma vanguardista para a época, explicitava a aceitação de variadas nacionalidades, crenças e opiniões.

∙ ∙ ∙

Como dizia Carlos Drummond de Andrade, "Futebol se joga no estádio? / Futebol se joga na praia / Futebol se joga na rua / Futebol se joga na alma" (Poesia Errante)

∙ ∙ ∙

Para terminar esta introdução, teço alguns comentários curiosos sobre o futebol em geral e o Grêmio em especial.

Futebol: jogo praticado com os pés, usando-se das mais variadas habilidades e inteligências. Para disputá-lo, basta uma bola de meia e um campinho com pedras que marquem a extensão da goleira. O gol é o êxtase. A vitória é catártica. Nos 90 minutos de um grande enredo, há angústias, sofrimentos, alegrias, vibrações, superações, tristezas, companheirismos, duelos individuais e coletivos. Há parceria e pertencimento. Não é o acaso que fez do futebol o esporte mais popular do mundo e dos seus clubes instituições de apelo e signo culturais.

Grêmio: o vocábulo vem de agremiação, de gregário. São seis letras, todas elas diferentes umas das outras. A pluralidade e o pertencimento estão ali. Nas escolas brasileiras, Grêmio é a instituição na qual e pela qual estudantes se reúnem para defender seus direitos. No espanhol, é sindicato, também o grupo de pessoas destinado a defender o que considera justo. Aliás, no português a bela palavra ainda tem aquele acento na forma de telhado, bem em cima do "e", que nos dá o requinte de um símbolo que evoca o sentimento de pertencer.

Neste livro, desbravo a alma coletiva a que pertenço: meu querido Grêmio! O gentílico "gremista", que é o que sou, também tem uma peculiaridade. Pode haver o homem gremista, a mulher gremista, o homossexual gremista. O gênero da palavra é inflexível, em mais um símbolo de pertencimento plural.

A divisão em sete capítulos não é aleatória. Quais os critérios? Uso o simbolismo de sete eventos decisivos para moldar o perfil de garra, superação e imortalidade do Tricolor. Pode haver jogos tão relevantes quanto os citados aqui, mas o que importa na escolha é o enredo contido em cada um. A loucura absolutamente apaixonante de uma alma brava, a nossa alma brasileira, castelhana e imortal. E sobre o número sete? Assim como a camiseta 10 tem um apelo místico para a maioria dos clubes brasileiros e argentinos, em razão do Pelé e do Maradona, o Grêmio adotou o sete do Renato. Até nisso o Tricolor é original. O 7 é o nosso 10! E foram sete os bravos tricolores que enfrentaram os derradeiros minutos da impressionante Batalha dos Aflitos. Uma leitura mais cabalística indicaria que são sete os braços do candelabro sagrado conhecido como menorá, objeto constituído de ouro batido, maciço e puro. Diz-se que simboliza os arbustos em chamas que Moisés viu no Monte Sinai. E há o sétimo céu! Estar no sétimo céu significa a felicidade plena, estar no paraíso. Para os judeus, o sete é considerado um número perfeito. No cristianismo e no islamismo, religiões derivadas do monoteísmo judaico, também há essa visão. No Alcorão, o mundo espiritual é dividido em sete camadas, sendo a sétima a mais alta, o trono de Alá. Para os cristãos medievais, o universo se divide em sete camadas – ou céus. O Sétimo Céu seria a Mansão dos Bem-Aventurados. Em outras palavras, o paraíso. Falando em mito, em religiosidade e no aflitivo paraíso azul e transcendental de ser gremista, vamos então ao livro...

# 1
# O Gre-Nal Farroupilha

Naquele 1935 em que nasciam Elvis Presley e Luciano Pavaroti, em que o planeta chorava pela morte de Fernando Pessoa e em que também vinha ao mundo uma leva impressionante de artistas brasileiros, como Rosamaria Murtinho, Herval Rossano, Juca de Oliveira, Yoná Magalhães, Renato Aragão e Tarcísio Meira, o Rio Grande do Sul comemorava o centenário da guerra que se tornaria algo como o evento fundacional da alma gaúcha. Sim, há as ponderações a respeito do desprezo e até da medonha traição em relação aos escravos lanceiros e, enfim, ao fato de a Revolução Farroupilha ter sido derrotada pelo império brasileiro. Noves fora suas mazelas, vilanias e evidentes fracassos, porém, aquela guerra de 10 anos, entre 1835 e 1845, revelara um inconformismo gaúcho com o isolamento do Estado no extremo sul do Brasil. E, independentemente das possíveis críticas aos seus líderes, deixara um legado.

Mais: o levante farroupilha mostrou a garra do Estado que optou por ser brasileiro, preferindo quedar-se do lado lusitano no extremo meridional da fronteira com a América Espanhola. Mesmo derrotado e carregando suas infâmias, as motivações dos "farrapos", como eram conhecidos os revoltosos, foram altaneiras e corajosas. Não restam dúvidas de que, com toda a tradição platina que o Rio Grande do Sul tem no churrasco, no chimarrão e até no acento espanholado do seu português, ele sempre fez ques-

Campeão Farroupilha de 1935 – Da esquerda para a direita em pé: Artigas, Jorge, Luiz Luz, Lacy, Foguinho, Mascarenhas, Sardinha II, Brandão, Divino. De joelho: Chico, Dario, Lara, Russinho, Torelly. Massagista: Corati.

tão de ser brasileiro. E se impôs bravamente à hegemonia do Sudeste, em especial ao domínio massificador paulista e fluminense, um tema que se estende por décadas e que teve no Grêmio sempre um insurgente de primeira hora. Por quê? Porque isso ocorreria também no futebol. Nos anos 1990, o Grêmio viria a ser tão atavicamente bravo, sob o comando do ídolo Luiz Felipe Scolari, que despertou muita admiração, muita paixão e, claro, muito ódio e ressentimento. Brasil afora, ninguém é indiferente a esse clube de alma brasileiro-castelhana e imenso orgulho pelo seu perfil miscigenado, com vocação de superar fronteiras restritivas, preconceitos infames e isolamentos regionais.

Lendo este capítulo, que terá algumas necessárias contextualizações e oscilações temporais, você poderá entender um pouco o porquê de Luiz Felipe Scolari, o Felipão, sempre ter reconhecido em Oswaldo Rolla, que era jogador em 1935, o mestre de todos os treinadores gaúchos e, sobretudo, gremistas. Também conhecido como "Foguinho", Oswaldo Rolla lapidou o estilo guerreiro de jogar. Introduziu a educação física fazendo jogadores subirem e descerem as arquibancadas do Fortim da Baixada e do Olímpico com sacos de cimento às costas para ficarem mais fortes e resistentes. Era o chamado "futebol-força", sem jamais abrir mão da técnica.

Mas, vamos lá, este livro está apenas no primeiro capítulo, e sua ordem é cronológica, apesar do propósito de não ser rigidamente linear – até para ser esclarecedor. Naquele ano de 1935, no Brasil, era gestada a ditadura do Estado Novo getulista (que vingaria entre 1937 e 1945). O país estava mudando profundamente, assim como o mundo, que vivia a tensão entre duas guerras mundiais e que ainda sentia os estilhaços da histórica quebra da Bolsa de Nova Iorque. A reação ao avanço do integralismo – o fascismo brasileiro – resultou na Intentona Comunista, em novembro, que seria esmagada pelo lado sombrio do getulismo, o lado totalitário. Eram tempos de episódios relevantes na formatação da história brasileira. No plano internacional, os analistas mais perspicazes já percebiam que a I Guerra Mundial (1914-1918) havia se encerrado apenas formalmente. Gestava-se a II Guerra Mundial, que, por muitos, é interpretada como a continuação da primeira, mas de forma bem mais intensa e violenta. Começava, ali, a se formatar o absurdo ainda hoje inacreditável que ocorreria na Europa a partir da Alemanha e que viria a marcar a humanidade de forma definitiva ao mostrar que o mal pode ser banal, como definiria Anna Arendt, e muitíssimo cruel. Naquele mesmo 1935, o ovo da serpente mais odiosa de todas se rompia com o restabelecimento do serviço militar obrigatório na Alemanha nazista, o avanço da truculência xenófoba e a criação do asqueroso tribunal de Nuremberg, pelo qual foram cassadas as cidadanias alemãs dos judeus e proibidos os casamentos entre judeus e chamados "arianos" alemães. Coincidentemente, também em 1935, morria Alfred Dreyfus, capitão do exército francês, de origem judaica, acusado falsa e ardilosamente de traição no turbulento final do século 19. Mais tarde, Dreyfus seria anistiado e reabilitado, mas seu caso inspirou os movimentos libertários judaicos, sobretudo de reação ao antissemitismo que tomava conta da Europa e que teria o ponto máximo no horror protagonizado por Adolf Hitler, o retrato do mal.

••• 

Naquele 1935, o Rio Grande do Sul se preparava para marcar, por aqui, o centenário do tal marco farroupilha que deu margem a tanto louvor e alguma polêmica. O presidente gaúcho Getúlio Vargas, que apenas cinco anos antes, na Revolução de 1930, amarrara o cavalo gaudério no obelisco carioca e dera um basta à predominância "café com leite" (o revezamento entre presidentes de São Paulo e Minas Gerais na República Velha), chegou ao seu Estado de origem para participar das comemorações da Semana Farroupilha. A data máxima seria e é o 20 de setembro. E o futebol, já um esporte que se popularizava franca e progressivamente, não ficou alheio à efeméride. Nosso torneio metropolitano adotou o nome de Campeonato Farroupilha para marcar data tão simbólica do gauchismo. E o Gre-Nal decisivo ocorreria no dia 22, só dois dias depois da prevista no calendário, todos os anos, para a grande festa.

••• 

O Grêmio, em 1935, experimentava um momento inédito da sua história, de observar com certo assombro o principal adversário ensaiar a formação do seu primeiro grande time. A rivalidade Gre-Nal começava a tomar corpo, para se tornar talvez a mais intensa do Brasil.

Até a primeira metade da década de 1930, a supremacia tricolor era praticamente incontestada. Fundado em 1903, o clube tinha bem mais estrutura que o rival, cuja fundação ocorreria apenas em 1909. Mas, a partir da crise provocada pela quebra da Bolsa de Nova Iorque, o Internacional, ligado à elite exportadora guasca – contrariamente ao Grêmio, vinculado mais à elite comercial do nascente bairro Moinhos de Vento e da Rua Voluntários da Pátria

–, viu-se em apuros técnicos e financeiros. E começou lá, entre o final dos anos 1930 e o início dos anos 1940, a formar seu fabuloso Rolo Compressor, talvez o time mais importante da história colorada. Ironicamente, o Internacional quedou-se impelido pelas circunstâncias a se socorrer de atletas da Liga da Canela Preta, com seus jogadores bem mais acessíveis em termos econômicos.

Por que essa situação guardava alguma ironia? Porque fora o Internacional e seu fundador Henrique Poppe, então presidente da entidade que coordenava o futebol em Porto Alegre, que rejeitaram o Rio-Grandense, o time de pardos presidido pelo pai de Lupicínio Rodrigues. O Grêmio aceitou o Rio-Grandense, o time dos pardos. Mas foi voto vencido. A respeito de Henrique Poppe, ele era um dos três irmãos Poppe, paulistas de origem italiana que se estabeleceram em Porto Alegre, prosperaram com seu comércio de tecidos e criaram o Internacional inspirado no Internacional de São Paulo e na Internazionale de Milão, cidade de onde haviam chegado seus pais. O Internacional de São Paulo tinha esse nome por, literalmente e sem qualquer apelo ideológico, reunir pessoas de diversas nacionalidades, sobretudo europeias. É uma das vertentes do atual São Paulo Futebol Clube, o clube instalado desde 1930 no sofisticado bairro paulistano do Morumbi.

Com essa rejeição ao Rio-Grandense em 1911, teve de ser criada no ano seguinte, em 1912, a Liga da Canela Preta, integrada por jogadores não brancos alijados da disputa entre os brancos. E, como está relatado minuciosamente em *Somos azuis, pretos e brancos*, ali se criou a lenda urbana do "clube do povo" que, supostamente, seria a contraface do "clube de elite" – palavra que, na época, sequer tinha a carga pejorativa que passou a carregar décadas depois, no vertiginoso século 20, com suas revoluções e conquistas sociais. Bem, repito: essa história incrível está contada em detalhes no meu *Somos azuis, pretos e brancos*, inclusive com cópia do texto de Lupicínio no jornal *Última Hora*, em que o gênio negro da música popular relata a história da rejeição colorada ao, como ele definia, "time de mulatinhos" do pai dele. Mais: revela que esse foi um dos motivos para ter se tornado "fanático pelo Grêmio", clube que aceitara o seu pai.

••• 

Pois bem, o Grêmio perdera jogadores importantes em 1935, enquanto o Internacional começava a montar seu mais importante time, a formação que permitiria aos colorados experimentar sua primeira hegemonia regional, acendendo de vez a faísca da rivalidade. O fantástico gremista Luiz Carvalho se transferira temporariamente para o Vasco da Gama – mais adiante, ele retornaria à Baixada. O grande Adão Lima, o primeiro negro a jogar na dupla Gre-Nal – entre 1925 e 1935 –, abandonava o futebol após 10 anos de dedicação devotada ao seu Grêmio. E, pior, o incomparável goleiro Eurico Lara, o homem que começou a popularizar o Grêmio já nos primórdios do clube, estava doente. Dois meses antes do Gre-Nal, em jogo contra o Santos, o gigante Lara, que surpreendia pela agilidade apesar dos quase dois metros de altura, chocara-se com o atacante Mário Seixas e sofrera uma concussão no peito. Nada de tão grave nisso, especificamente. Mas, a partir daquele episódio, soube-se: o homem que viria a ter o nome eternizado no hino composto por Lupicínio Rodrigues – o "Até a pé nós iremos (...)/Lara o craque imortal/Soube o teu nome elevar/ Hoje com o mesmo ideal/Nós saberemos te honrar" – tinha sérios problemas de saúde. Era cardíaco e não poderia mais jogar futebol, diziam os médicos, sempre em tom preocupado e com o ar grave da advertência em cada palavra do diagnóstico preciso.

Só que Lara era a face do Grêmio, e o Grêmio era a face do seu guardião, aquele jovem longilíneo e meio desajeitado, de tez escura, que chegara à rodoviária de Porto Alegre vindo de Uruguaiana já sob os aplausos de um grupo que tinha dirigentes e torcedores entusiasmados. Fora contratado mediante uma cuidadosa transferência militar compulsória (Lara era anspeçada) para Porto

Alegre. Menino tímido, o bugre Lara se tornou homem feito no Fortim da Baixada. Desde 1920, vivia para o clube, vivia dentro do clube, o clube era sua vida. Era também zelador do seu Fortim da Baixada. Chegara com fama de quase imbatível, mas aprendera muito desde então – inclusive a técnica de agarrar a bola em vez de lhe dar socos ao fazer suas defesas fantásticas.

Pois Lara desdenhava das orientações médicas e foi a campo naquele primeiro Gre-Nal de 1935, disputado em 28 de julho no estádio dos Eucaliptos, fundado pelo Internacional apenas quatro anos antes. Até então, o rival gremista jogava na "chácara dos Eucaliptos".

• • •

O Internacional, então, era favoritíssimo para vencer todos os Gre-Nais de 1935 e, também, abocanhar o título metropolitano do ano. O cenário parecia vermelho, enfim.

O rival do Grêmio não era mais aquele clube novato que 26 anos antes, em 1909, desafiara o "clube mais antigo, de mais prestígio e grande conceito", como dizia o convite formulado pelo capitão do exército Graciliano Ortiz, um dos primeiros dirigentes colorados, homem de pretensões políticas, que em seguida se tornaria coronel. Um dos fundadores colorados, Tomaz Madeira Poppe, ainda explicava: o Internacional procurara o Grêmio por, além de a instituição da Baixada ser o clube de mais prestígio na cidade, querer também ele, Internacional, tornar-se conhecido e ajudar a desenvolver o futebol na cidade e no Estado. Ah, aquele convite formal do Internacional ao Grêmio, as reuniões dos dirigentes gremistas para aceitá-lo e agendar o jogo, a oferta do Tricolor de pôr seu "time B" em campo para não castigar os novatos, jovens também em idade, que treinavam na Rua Arlindo, na Azenha, pensando no grande duelo. A ofensa que alguns dirigentes colorados sentiram por ver na oferta uma humilhação. Aquele Gre-Nal seminal de 18 de julho de 1909 em que, exatamente às 15h25min, o juiz Waldemar Bromberg dera o *signal kick-off* – o início do jogo, acompanhado dos "juízes de linha" e de dois "juízes de gol", fundamentais, sentados ao lado de cada goleira pelo prosaico motivo de que ainda não havia redes. Os jogadores do Grêmio vestindo fardamento estilo inglês, com camisas metade azul, metade branca, e calções pretos. Os do Internacional usando camisas listradas vermelhas e brancas, no modelo italiano, com calção branco. O Gre-Nal em que os gremistas, então chamados de "porto-alegrenses", estudaram o "novel" adversário e fizeram apenas dois gols no primeiro tempo, deixando os outros oito dos 10 a 0 para a etapa final. Tão superiores eram os gremistas naquele início do rival, que tiveram até um gol anulado, aquele que seria o 11.º, e deram-se o luxo de ficar conversando com torcedores enquanto se desenrolava o *match*. Não tinha deboche ali, tanto que, às 18h do mesmo dia, juízes, jogadores e dirigentes dos dois clubes foram à sede do clube Tiro Alemão festejar o começo de uma história que hoje sabemos quão trepidante seria. Tudo muito civilizado. Mas, claro, nem todos viram com naturalidade aquilo tudo. O médico e pecuarista Carlos Kluwe, de Bagé, prometera vingança e disse que não deixaria "este negócio" do futebol enquanto não derrotasse o "Porto-Alegrense", no que seria seguido por um não menos vingativo Antenor Lemos, o homem que, décadas depois, aproveitaria as circunstâncias adversas e as soluções encontradas para definir o seu como o "clube do povo", deixando ao Grêmio a falsa caracterização de "elite". O contexto de alto simbolismo que cercou aquele Gre-Nal primevo está detalhado no meu livro *Somos azuis, pretos e brancos*. O fato é que aquele episódio todo provocou um ressentimento colorado contra o clube que nascera seis anos antes com foco apenas na bola de futebol e na paixão que ela despertava, suas exclusivas razões de ser.

• • •

Pois bem. O Internacional de 1935 já havia sido campeão municipal e estadual em 1934; pretendia repetir a dose no ano seguinte. E não era qualquer título o de 1935. Tratava-se do certame mais importante desde a criação do "Citadino". Porto Alegre toda se enfeitava especialmente para comemorar a data farroupilha. Era só no que se falava na cidade e no Estado. O Parque da Redenção, o agora Parque Farroupilha, sofrera uma série de intervenções para ficar no esboço do que temos hoje no coração de Porto Alegre. Na ocasião, foi realizada a Exposição do Centenário Farroupilha, com a drenagem de toda a parte sul do descampado daquele que um dia já havia sido conhecido como o Campo da Várzea e que, em 1884, fora rebatizado como Campos da Redenção, em comemoração à abolição da escravatura – que já se ensaiava e viria quatro anos depois. Mas ainda era chamado de Campo da Várzea, por ser isto mesmo: uma grande várzea, onde o "vovô" Rio Grande apresentara os rudimentos do futebol em 7 de setembro de 1903 para 5 mil curiosos e inspirara o Grêmio a, oito dias depois, ser fundado pelo jovem Cândido Dias da Silva e seus amigos a partir da bola de futebol. Toda a parte sul do campo foi drenada, nivelada e urbanizada, seguindo projeto do francês Alfred Agache. Mais adiante, o parque perderia nova fração para a construção do Instituto de Educação General Flores da Cunha, na Avenida Osvaldo Aranha. Toda a cidade se enfeitava, enfim. Havia títulos farroupilhas em diversas modalidades esportivas, como o atletismo, o basquete, a natação, o polo, o remo e, claro, a mais popular delas: o futebol.

• • •

Lara se destacou no jogo. Fez defesas importantes. Sofreu um gol, marcado pelo colorado Mancuso. Mas um avião o redimiu. Sim, um avião! O Grêmio empatou aquele Gre-Nal encardido com o chamado jocosamente de "gol do avião". O ponta-esquerda gremista Castilho retinha a bola em frente à área colorada, quando um avião apareceu sobre o campo dos Eucaliptos e passou a fazer piruetas. Lindo, aquilo! O goleiro Penha e os zagueiros Natal e Risada, do Internacional, ficaram admirados, petrificados, com rosto voltado para cima, olhos arregalados, sorriso nos lábios, um pouco surpresos e outro tanto temerosos de que pudesse ocorrer um acidente. Mas Castilho não se importou. Manteve o foco no jogo. Correu com a bola dominada, livre de marcação, pois os defensores adversários que o deviam marcar olhavam para o céu azul de brigadeiro. E, claro, ele chutou a bola rente ao solo verde dos Eucaliptos.

O jogo terminou empatado em 1 a 1. E Castilho? O autor do gol que tinha muito da sabedoria que extrapola a habilidade com a bola, o que foi feito dele? Sumiu. Misteriosamente, sumiu. Era metade de 1935, e nem sinal de Castilho. Houve quem dissesse que ele estava escondido em uma casa no extremo sul de Porto Alegre, lá no bairro Belém Novo. Chegaram o fim do ano, as festas, o balanço do que se fizera, as resoluções do que viria em 1936 e aquele mistério: que fim teria levado o homem que desdenhara o avião e, tomado de senso prático, chutara a bola ao gol desprotegido? Quando se iniciou o novo ano, veio a surpresa. Nos Eucaliptos, apresentou-se, vestido de vermelho, o Castilho, que saíra do Grêmio e que todos temiam ter sido sequestrado e maltratado por colorados inconformados com a humilhação de ter sofrido o matreiro "gol do avião". Era isso o que o Internacional queria. Um time menos... avoado.

Mas nos detenhamos em setembro de 1935. O Grêmio não tinha mais o sumido Castilho, não tinha Adão, não tinha Luiz Carvalho e tinha Lara doente, um fator de preocupação permanente para o clube. O Internacional já preparava a festa pelo que seria o glorioso título farroupilha, uma honraria única. O Grêmio dava sinais de fadiga. Perdera por 2 a 0 para o Força e Luz. Bastaria ao Internacional um empate no Gre-Nal Farroupilha, em 22 de setembro, dois dias depois da data máxima. Os torcedores colorados, confiantes na conquista, ocuparam dois terços dos assentos no Fortim da Baixada. Os gremistas esperavam pelo pior. O Grêmio jogou com Lara (Chico); Dario e Luiz Luz; Jorge, Mascarenha e Sardinha II; Laci, Artigas, Russinho, Foguinho e Divino. O Inter jogou com Penha; Natal e Risada; Garnizé, Andrade e Levi; Tijolada, Tupã, Mancuso, Darci e Honório.

• • •

Perceba que houve apenas uma substituição no jogo. Lara não aguentaria o tempo inteiro. Não tinha jeito. Antes de começar a partida, o guardião tricolor, fator de confiança para os companheiros e torcedores gremistas e motivo de preocupação para os adversários, piorara muito. Pálido, magérrimo, tossia copiosamente. Os colorados não sabiam desse problema de saúde, mas já riam à toa com o infortúnio que ia se desenhando para os adversários. Parecia que uma nuvem cinza cobria o estádio do Moinhos de Vento. Um torcedor colorado teve o desplante de caçar 11 cachorros pelas ruas de Porto Alegre, pintando-os de vermelho. Amontoou-os em uma caminhonete, levou-os para a frente do Fortim da Baixada e caminhou até as arquibancadas para ver o jogo e depois vibrar com o título. O que ele faria com os cães que o esperavam do lado de fora? Encerrado o jogo, com a vitória certa do seu time, soltaria os animais, todos eles inapelavelmente e criteriosamente vermelhos, no campo de um humilhado rival.

• • •

Alheios aos cães encarnados do debochado torcedor rubro, os dirigentes gremistas se preocupavam mesmo era com Lara. Os companheiros do goleiro rezavam pela sua saúde. O jogo, por mais dramático que fosse, ficava em segundo plano diante da situação vivida por aquele homem jovem, com menos de 40 anos, que sucumbira à tuberculose e ainda via se agravarem os problemas cardíacos. Os médicos foram enfáticos: Lara não poderia jogar. Não podia mais jogar. Companheiros de time, diretores do clube, todos queriam demovê-lo da ideia de entrar em campo. Mas Lara insistia, era intransigente, tossia, balançava a cabeça para os lados e impunha sua autoridade de líder da equipe. A vida dele era o Grêmio, clube para o qual chegara 15 anos antes, em 1920, com pouco mais que 20 anos de idade e poucas perspectivas profissionais, fazendo da Baixada literalmente sua casa e o palco do seu virtuosismo – ele, um homem de escassas posses, morava e cuidava do estádio tricolor. E aquele Gre-Nal Farroupilha era um jogo especial para o militar que chegara da fronteiriça Uruguaiana direto para o Fortim da Baixada e que até lutara na tal revolução de 1930 em que Getúlio Vargas desbancara a hegemonia do "café com leite". Havia todo um contexto em jogo naquela partida.

As torcidas, tanto a do Grêmio quanto a do Internacional, não imaginavam a gravidade do quadro de saúde do goleiro. Quando ele entrou em campo, os colorados estavam em festa permanente, preparando o título, e os gremistas tiveram uma vibração furtiva ao vê-lo com a bola acomodada dos longos braços e nas mãos grandes como cachos de plátanos.

• • •

Começou o jogo. Lara se superava. Fazia lá as suas defesas quando chamado à responsabilidade. Mantinha o empate que ainda assim não lhe servia. Nervoso, debaixo da trave, via seus companheiros se esforçarem para surpreender o rival. O Grêmio só seria campeão farroupilha se derrotasse aquele que era o favorito. E o Internacional parecia confirmar essa condição. Dominou o primeiro tempo, mas o zagueiro gremista Dario estava firme. Seu companheiro Luiz Luz era o dono da área. Logo Luiz Luiz, pensavam os dirigentes colorados. Havia sido ele o jogador que o Grêmio contratara e que o Internacional tanto queria para reforçar seu setor defensivo. Fora ele que despertara no Internacional a necessidade de se abrir, nos anos 1930, para formar times competitivos a partir dos jovens acessíveis dos times da Liga da Canela Preta. O Internacional tentara contratar Luiz Luiz, mas ele optara pelo Grêmio, um clube bem mais estruturado, que até emprego público lhe assegurara naquela época de futebol pouco profissionalizado. Os dirigentes colorados tiveram de se reforçar com jogadores pobres. Foram atrás do pardo Alfeu, que deu a largada para a formação do esquadrão que viria a ser conhecido como o fabuloso Rolo Compressor. E se aproveitaram dessa solução para construir, a partir da adversidade, a inteligente peça de marketing que passou a identificar o clube pelo epíteto espertamente exclusivo de "clube do povo" na relação com aquele que seria o clube da elite. Ficou a lenda urbana, como se não fossem as duas instituições elitizadas desde a fundação e crescentemente populares na proporção em que o futebol se popularizava como um todo. Bem, essa história, como já foi dito aqui, está contada detalhadamente em *Somos azuis, pretos e brancos*.

• • •

O primeiro tempo terminou empatado. E dê-lhe vibração vermelha. Nos bastidores do vestiário gremista, a pré-festa colorada nem era ouvida. Lara era a preocupação premente. As dores no peito estavam insuportáveis. Os dirigentes não cederam mais ao eterno ídolo. Proibiram-no de entrar em campo para o segundo tempo. Claro, ao ver o bom Chico entrar em campo no lugar da lenda Eurico Lara, os colorados aumentaram a intensidade da vibração.

Não foram só os torcedores do Internacional que ganharam ainda mais ânimo. Os jogadores também. Fora derrubada a barreira humana trazida de Uruguaiana pelo Grêmio com a fama de ser o arqueiro que, quando jogava, o time não perdia, o mesmo arqueiro que seria depois aplaudido de pé pelos paulistas no estádio Parque Antártica ao defender a seleção gaúcha contra a seleção paulista e interceptar dezenas de torpedos do mito Arthur Friedenreich.

Ah, havia as lendas sobre Lara. As lendas urbanas que o futebol produz e que muitas vezes são utilizadas de forma indevida e matreira para colar etiquetas falsas – mas situações assim também estão detalhadas e esclarecidas em *Somos azuis, pretos e brancos*. Dizia-se que Lara teria morrido em pleno Gre-Nal Farroupilha, e não saído no intervalo, como ocorreu – ele viria a morrer um mês e meio depois, em 6 de fevereiro, no Hospital Beneficência Portuguesa, para onde foi levado no final do jogo. Também daquela partida decisiva se diz que Lara morreu ao defender um chute de pênalti batido pelo próprio irmão. Uau! Nunca houve um irmão de Lara defendendo o Internacional.

• • •

O fato é que os jogadores do Internacional ficaram eufóricos com a ausência da muralha tricolor. Claro, ninguém ficaria tão feliz se soubesse do drama que ocorria com um colega e ser humano admirado por todos. Até se esqueceram de que havia a possibilidade de administrar o empate favorável, segurá-lo e valorizá-lo. Não, sem Lara na goleira adversária, a vitória era uma imposição moral. Jogaram-se à frente, de forma faceira, apenas se cuidando para não olhar o céu caso passasse um avião fazendo as acrobacias aéreas tão raras naquele ano em que o Brasil, o país de Santos Dumont, via recém ser inaugurada sua primeira indústria de aviões.

Eram 40 minutos de jogo pela frente. Naquela época, os jogos eram divididos em dois tempos de 40 minutos – 80 minutos no total, 10 a menos que a regra atual e sem os acréscimos que hoje costumam ser dados para compensar as paralisações. O Internacional martelava, martelava, na sanha de fazer o gol do título farroupilha. O Grêmio se satisfazia com os contra-ataques. Faltavam três minutos para terminar o jogo, com a festa colorada que o empate asseguraria. Eram 37 minutos de um jogo só não tão tenso quanto o vestiário gremista, onde os médicos se preocupavam e Lara, com dores no peito, permanecia no estádio – só depois de terminada a partida ele seria levado para o Hospital Beneficência Portuguesa, na Avenida Independência.

Parecia tudo garantido para os colorados. O torcedor dos cães vermelhos saiu do estádio aos risos e foi até a caminhonete soltá-los, já antevendo a gozação, faceiro com a grande ideia que tivera. Esse torcedor não viu, mas o Grêmio tinha uma falta na intermediária. Mais: o Grêmio tinha a sabedoria de Foguinho, o "senhor" Oswaldo Rolla, já um homem diferenciado quando era jogador.

Foguinho, quando se dirigira à Baixada naquela tarde, absorto no jogo e refletindo sobre a fórmula mais apropriada para surpreender o Internacional, idealizara aquela falta. Eram 38 minutos daquele segundo tempo sem Lara, 78 minutos de um jogo angustiante no seu todo, faltavam dois minutos para a já dada como certa festa colorada. O craque gremista, que mais adiante seria um treinador idealizado como o inventor do jeito gaúcho aguerrido de jogar futebol, pensou nas reflexões que fizera dentro do bonde Auxiliadora. Olhou o juiz Francisco Azevedo, que já punha os olhos no cronômetro e se preparava para encerrar o jogo, com o título colorado. A falta era na intermediária, praticamente não representava qualquer risco.

Foguinho olhou a bola, olhou o juiz, olhou a vibrante torcida colorada, pensou no amigo Lara, lembrou do que pensara enquanto o bonde Auxiliadora deslizava pelos trilhos da Avenida Independência rumo ao Moinhos de Vento. Sentiu-se um Dom Quixote, talvez. O Internacional, seus torcedores debochados e as adversidades eram os moinhos a serem suplantados. Aprumou-se e disse para o companheiro Mascarenhas:

– Levanta no meio da área, que o Risada vai tirar de cabeça, para a meia-lua da área, e eu vou pegar o rebote.

O meia gremista entregou a bola para o companheiro e se dirigiu resoluto, determinado, com raiva, até a área do rival. Mascarenhas chutou para dentro da área. Risada pulou. Cabeceou a bola para a frente, exatamente onde estava Foguinho. O craque não deixou a bola quicar no chão. Do meio-círculo da grande área, ele desferiu uma chicotada de canhota e fez o gol que ninguém esperava, talvez só ele e Lara, aquele que insistia em jogar até definitivamente não poder mais. O goleiro Penha não viu um avião, mas sim uma bola zunindo rumo às redes que tentava preservar intactas. Os jogadores do Internacional se olhavam, incrédulos. O jogo recomeçou. Foguinho não quis saber de dar chances ao adversário nos últimos segundos que lhes restavam para assegurar o resultado tão esperado. Tirou-lhes a bola, correu raivosamente até a área onde estava o angustiado Penha, perseguido pelos não menos aparvalhados zagueiros colorados. Estabanado, o goleiro se jogou aos pés do gremista, que pensou na equipe, pensou em Lara, pensou na torcida, pensou em Laci e encostou a bola para ele, que fez o impressionante 2 a 0, também com um leve toque para as redes que os colorados estimavam imaculadas até o fim do jogo.

Não havia transmissão ao vivo pelo rádio e, claro, muito menos pela TV. O colorado dos 11 cães encarnados, aos risos, tirou-os da caminhonete. A reclusão deixara os animais com ainda mais vontade de sair correndo e abocanhar o primeiro ser vivo que vissem pela frente. Os foguetórios dos gols gremistas, na imaginação do torcedor traquinas, eram dos colorados que festejavam o título. O primeiro foguetório deixou os cães ensandecidos, e ele ria com cada vez mais força, imaginando a vitória do seu time. O segundo, do segundo gol, fez com que disparassem para cima do homem, que, mesmo na base do que ele viria depois serem injustificadas gargalhadas, parou no hospital e ainda teve uma inesperada notícia. Das ruas, lhe vinham os sons dos gritos gremistas, que repetiam "Foguinho! Foguinho! Foguinho!"

• • •

Partiu do técnico Sardinha I, em meio à festa gremista que foi noite adentro, a sugestão: o título farroupilha seria festejado por mais um século, sempre em 22 de setembro. O Grêmio mantém a escrita. Esse jantar sempre ocorre. E a lembrança dos heróis Foguinho e Lara são permanentes. Foguinho morreria em 1996, aos 87 anos. Lara ficou como aqueles jovens anjos recordados eternamente pelo que poderia ainda ter vivido. Eternizou-se na letra composta por Lupicínio, o maior compositor popular do Rio Grande do Sul. Emprestou ao Tricolor a fama da imortalidade.

••• 

A família de Lara preserva a história do ídolo imortal.

– Somos todos gremistas roxos ainda hoje e para sempre. Nos criamos ouvindo as histórias emocionantes do Tio Lara. Quando ele veio de Uruguaiana, tinha poucos recursos. O Tio Lara era órfão. Morava lá na Baixada com uma irmã, duas sobrinhas e um sobrinho. O Grêmio acolheu minha família naquela época, e isso é lindo – conta Iara Linei Salgado, sobrinha-bisneta de Lara. – O Tio Lara começou a popularizar o Grêmio lá no início do século, muito no início da história do clube. É tudo muito lindo. Ele tinha sangue bugre, e acredito que tinha ascendência judaica, também, era um cristão-novo (seria um sefaradi, com antepassados vindos do sul europeu ou do norte africano). A acolhida que o Grêmio deu para ele e para a minha família é uma das páginas mais lindas do nosso clube.

••• 

Sim, uma das páginas mais lindas, Iara. Mas não só pelo acolhimento gremista. Também pela troca que houve naquela relação de eterno afeto entre o ídolo Lara e seu amado Grêmio. Lendas urbanas são explicadas e demolidas irremediavelmente nos meus livro *Coligay – Tricolor e de todas as cores* e *Somos azuis, pretos e brancos*. Essas lendas colaram injustamente no Grêmio o rótulo de elitista. Os motivos dessa ladainha cruel se explicam pelo bairro onde o clube nasceu, predominantemente habitado pela lindamente trabalhadora imigração alemã, até um marketing poderoso construído inteligentemente pelo colorado Antenor Lemos, que criou uma falsa e precária dicotomia. Clube popular na sua essência e nas suas origens, o Grêmio pode atribuir a Lara o cumprimento dessa vocação. Foi Lara que começou a moldar o clube popular na prática. Desde então, somos a agremiação que teve o lindo hino de pertencimento e perseverança composto pelo negro Lupi. Temos desde 1970 a bandeira com a estrela dourada representando o negro Everaldo, tricampeão mundial no México. Temos os artistas mais populares destes pagos nas nossas fileiras – além de Lupi, Teixeirinha e Elis Regina, por exemplo. Temos Adão, o primeiro negro a jogar nos grandes clubes gaúchos. E, sobretudo, temos uma linda história de miscigenação e convivência entre as mais variadas diferenças, que vão da cor da pele ao gênero, passando pelas crenças, mesmo sendo um clube fundado apenas 15 anos depois da abolição da escravatura neste país paradoxalmente tão miscigenado e preconceituoso. Bem, leia *Somos azuis, pretos e brancos*. Tudo está detalhado ali.

Mas, agora, vamos à lista dos negros ou pardos mais conhecidos nos primórdios tricolores, gente que ajudou a moldar essa alma generosa e plural: Álvaro Antunes (pardo, que jogou de 1913 e 1916 e chegou a dirigir o clube entre 1927 e 1928), Lara (um bugre de feições rudes, homem de pouquíssimos recursos financeiros, que conquistou seu espaço nobre e acabou tendo o nome imortalizado no hino feito pelo negro Lupi, ficando no Grêmio entre 1920 a 1935, mais de 15 anos praticamente ininterruptos, encerrados apenas pela sua morte), Adroaldo (1924 a 1928, oriundo da Liga da Canela Preta), Adão Lima (de 1925 a 1935 e também oriundo da Liga da Canela Preta e tido, em *Somos azuis, pretos e brancos* como o primeiro negro a jogar no Grêmio e nos grandes clubes gaúchos porque tinha, inequivocamente, a tez negra, e não apenas pardas como muitos desta gloriosa lista), Pitoco (jogou no Grêmio de 1926 até data incerta, originário da Liga da Canela Preta), Laxixa (1937 a 1940), Mário "Carioca" Miranda (1943 e 1944), Hélio (1946 e 1947), Prego (1947 e 1948) e Hermes da Conceição (1949 e 1950).

• • •

Coincidência curiosa: 15 de junho é um dia especial no calendário tricolor. Foi nesse dia que, separados por 60 anos, Lara e Renato Portaluppi fizeram suas estreias com a camisa do Grêmio. Em 1920, Lara debutava na vitória de 3 a 0 sobre o Juventude no Fortim da Baixada. Em 1980, foi a vez de Renato estrear na derrota de 1 a 0 para o Comercial MS em jogo amistoso realizado na cidade de Maracaju (MS) – era partida festiva, e Renato, aos 18 anos, despontava como promessa que brilhava na base com seus dribles ousados e força física incomum para um ponta-direita naquela época de atacantes fixos nos extremos do gramado. Tendência, aliás, que havia sido rompida por Tarciso, o titular da posição.

# 2
# *Aquele gol do André Catimba...*

Que ano foi 1977! O Brasil estava fazia 13 anos sob a égide de uma cruel ditadura militar que se prolongaria por ainda mais oito obscuras temporadas. Era a triste onda autoritária que marchava sobre a América do Sul. Mas, naquele ano, o Brasil vivia uma peculiaridade: havia uma esquina sendo dobrada na História. O país ensaiava uma abertura, e isso não estava indiferente ao Grêmio. Aliás, no campo de jogo o clube também vivia sua esquina particular, deixando para trás oito anos de amargor imposto pela hegemonia colorada. Em compensação, as duas décadas que viriam adiante seriam basicamente azuis, pretas e brancas, muito em razão de um time, de um campeonato gaúcho e de um jogo mágico que o decidiu.

José Tarciso de Souza, o Tarciso, nascido no aniversário de 48 anos do Grêmio, em 15 de setembro de 1951, tornou-se Flecha Negra em razão da cor de sua pele e da velocidade que imprimia para superar os defensores adversários. É um símbolo de abnegação e superação. Sofreu quatro anos sem títulos desde que chegou do América-RJ, em 1973. Ficou no Grêmio até 1986. Foram 13 longos e definitivos anos! Tornou-se campeão gaúcho em 1977, Brasileiro em 1981, da América e mundial em 1983. Jogou 721 partidas. Fez 222 gols. Mineiro de São Geraldo, radicou-se em Porto Alegre. Tarciso se emociona ao extremo ao repetir há quase 40 anos a mesma história. Sempre enche os olhos de lágrimas. Aquilo mexe muito com o ídolo tricolor:

– Fui bater o pênalti. Aquilo era muito importante para todos, mas era importante demais para mim. Era a vida para o Grêmio e para nós, um time que parecia uma família, de tão unido. Mas eu, o Ancheta, o Iúra, vínhamos de anos tristes de derrotas. Quando eu estava ali parado, antes de correr para a bola, vi que o Cláudio Duarte (o treinador do Internacional) conversava com o Benítez (o goleiro). O estádio estava num silêncio impressionante. Eu podia ouvir o zumbido de uma mosca. Era uma solidão muito grande a que eu sentia. Parecia que aquela goleira tinha diminuído. Decidi bater o pênalti para o outro lado em relação ao que eu estava acostumado, do jeito que eu nunca treinava. E errei, claro! Chutei pra fora. Não sabia o que pensar. O mundo desabou. Aprendi muito naqueles poucos segundos de um drama muito forte para mim. Aí, o Tadeu Ricci me garantiu que ganharíamos, e o André disse que ganharíamos com gol dele. No fim, foi exatamente o que aconteceu. Tudo aquilo foi inesquecível.

Esse depoimento do ídolo Flecha Negra me comove.

Sim, Tarciso. Foi inesquecível!

• • •

Mil novecentos e setenta e sete! Um ano em que o Brasil ainda era pisoteado pelos coturnos sombrios dos militares que governavam o país. Mas algo surgia de novo do outro lado da América. Em 20 de janeiro, o democrata Jimmy Carter tomava posse como o 39.º presidente dos Estados Unidos. Carter não era um democrata apenas na nomenclatura do partido que costuma defender as liberdades individuais e, em muitas ocasiões, os valores de um mundo mais solidário. Foi ele quem bateu de frente com ditadores sul-americanos, como o chileno Augusto Pinochet, o argentino Jorge Rafael Videla e o brasileiro Ernesto Geisel, que estava comandando nosso grande quartel naquele momento. O Brasil entendeu a mensagem que vinha do norte e enveredou por uma abertura lenta e gradual a partir daquele ano ainda sombrio. No Grêmio, essa abertura pode ser ilustrada pelo advento da Coligay, talvez a manifestação mais significativa do respeito às diferenças já ocorrida no futebol mundial. Não por acaso, isso se deu no Grêmio! Por que digo "não por acaso"? Porque, como estamos vendo neste passeio pela alma do clube em sete atos, a instituição tricolor é azul, preta, branca e de todas as cores.

• • •

Bem, mas voltemos a 1977. Naquele ano, a Anistia Internacional ganhou o Prêmio Nobel da Paz. Era todo um sinal de que o mundo ensaiava por importantes conquistas que o levassem a evoluir, sobretudo na área dos costumes. No Brasil, estudantes promoviam passeatas que pediam democracia, e a repressão existia, mas parecia já arrefecer, se comparada à dos anos que se seguiram a 1968, o do terrível Ato Institucional número 5 (o AI-5). Reivindicações de teor político apareciam como a grande força motivacional a mobilizar os estudantes. A partir daquele período, as principais organizações estudantis foram se reestruturando. Primeiro, surgiram os Diretórios Centrais de Estudantes (DCEs). Depois, as Uniões Estaduais de Estudantes (UEEs) e, finalmente, em 1979, o grande desfecho: a refundação da União Nacional dos Estudantes (UNE).

Forçava-se o surgimento de um novo país.

A Operação Condor, aparato repressivo que unia países sul-americanos (Brasil, Argentina, o Chile do barbarismo de Augusto Pinochet, Bolívia, Paraguai e Uruguai) em uma espécie de Mercosul do horror, estava ainda no auge, porém.

Nas masmorras dos regimes, sob torturas, morria-se. Os repressores simulavam suicídios para encobrir o que era inadmissível, como no caso brasileiro de Vladimir Herzog, assassinado na prisão em 25 de outubro de 1975, apenas dois anos antes. A foto com que os militares tentaram forjar a imagem do falso suicídio de Herzog mostrava uma corda pendurada no pescoço da vítima, que mantinha as pernas dobradas e os pés no chão, posição impossível para quem tivesse, por acaso, morrido pendurado na soga. Ou seja, falsificação grosseira, de quem se sentia eternamente impune para os desmandos, o crime e a bestialidade. Os ares de mudança esboçados por iniciativas como a da Coligay forçavam uma contrarreação da ditadura. Em 13 de abril de 1977, apenas três dias depois do jogo em que a ousada torcida homossexual gremista fez sua estreia, numa vitória magra de 2 a 1 sobre o Santa Cruz, de Santa Cruz do Sul, a ditadura baixou o chamado Pacote de Abril. Era um tipo de reforma política feita sem pruridos e sem legislativos.

O país vivia uma crise que era tema, naqueles dias, de editorial no jornal *La Prensa*, de Buenos Aires. Por aqui, o assunto era noticiado e analisado com parcimônia. O Pacote de Abril se compunha de uma emenda constitucional e de seis decretos. Criou-se o "senador biônico" (um terço dos senadores seria indicado pelo governo) e o aumento da representação dos Estados menos populosos – e mais fáceis de serem manipulados pelo "coronelismo", em uma manobra tradicional. Naqueles dias, os jornais registravam que integrantes do então MDB (no bipartidarismo da ditadura, havia a Arena, partido do governo, e o MDB, a oposição consentida) começavam a cogitar a possibilidade de Pedro Simon se tornar senador. E lamentavam: caso houvesse eleição direta, ele poderia muito bem ser eleito governador gaúcho.

Também pelo Pacote de Abril, foi ampliada a duração do mandato presidencial, de cinco para seis anos, e mantidas as eleições indiretas nos Estados, para frustração dos tais integrantes do MDB gaúcho – bem, a história viria a colocar Simon como governador e longevo senador. Tratava-se, o tal pacote, de uma reação conservadora, exatamente na semana em que a Coligay mostrava a cara nos estádios. A mobilização governista, claro, era contra a oposição política, que tentava se apresentar depois da vitória nas eleições legislativas de 1974. Havia, portanto, uma força social que buscava arejar o país em todos os campos e a contrarreação conservadora para amordaçá-la.

•••

No campo da música, a banda canadense Rush lançava a obra prima *A Farewell to Kings*, seu quinto álbum, com a voz aguda e o contrabaixo criativo de Geddy Lee, confesso seguidor de Paul McCartney, um dos quatro maiores gênios da cultura *pop* – ao lado de John Lennon, George Harrison e Ringo Starr. Sempre que penso no Rush e no seu líder Geddy Lee, o judeu canadense Gary Lee Weinrib, imagino o espetacular clássico *Xanadu*, com aquele contrabaixo inesquecível guarnecido pela bateria estupenda, servindo de trilha sonora para o gol mitológico de André Catimba. Mas, sobre esse gol de André Catimba e a cambalhota frustrada que se seguiu a ele, trataremos em seguida, neste mesmo capítulo. Também em 1977, o Pink Floyd lançava um dos seus mais estupendos álbuns: *The Animals*. Vivíamos o auge do psicodelismo lançado 10 anos antes, em 1967, com o definitivo clássico *Sgt. Pepper's Lonely Hearts Club Band*. E havia a banda *heavy metal* americana Kiss, quarteto mascarado de batidas e solos de guitarra frenéticos, sob a liderança do baixista Gene Simmons, cujo verdadeiro nome é Chaim Weitz e o apelido passou a ser *The Demon*, pelas cusparadas performáticas de *ketchup* que fazia as vezes de sangue nos palcos da vida. Pois o Kiss lançava o ótimo *Love Gun*. Ah, e 1977 passou para a posteridade como o "Ano do Punk", com a música e o comportamento do lema "Faça você mesmo". Naquele mesmíssimo ano, o Sex Pistols, ícone do *punk-rock*, lançava seu único álbum: *Never Mind The Bollocks*. No Planalto Central brasileiro, surgia a banda Aborto Elétrico, antecipando o que viria a ser a fervilhante década de 1980. Liderada por Renato Russo e integrada por músicos que depois formariam a Legião Urbana e o Capital Inicial, a Aborto Elétrico escreveu e gravou sua primeira música naquele "Ano do Punk". Era também época da *disco music*. O Abba despontava nas pistas de dança com *Abba – The Album*. No cinema, era lançada a saga *Star Wars*, com *A New Hope* (*Uma Nova Esperança*), que marcava um antes e um depois em termos de efeitos especiais no cinema, acompanhados de enredos e interpretações que se tornariam clássicos. As pistas de dança fervilhavam sob a trilha de *Saturday Night Fever*, filme que levou John Travolta ao estrelato e a banda Bee Gees à consagração. Também foi o ano de *New York, New York*, de Martin Scorsese (com Liza Minnelli e Robert De Niro) e *Close Encounters of the Third Kind* (*Contatos Imediatos de Terceiro Grau*, com Richard Dreyfuss), clássico da ficção científica, de Steven Spielberg. Foi um ano de perdas marcantes no mundo artístico. Em 16 de agosto, morreu Elvis Presley, o "Rei do rock". Em 9 de dezembro, chegou a vez do adeus de Clarice Lispector, escritora e jornalista ucraniana naturalizada brasileira, autora de *Laços de Família* e *A Hora da Estrela*. Em 25 de dezembro, foi-se Charlie Chaplin, o "Carlitos", referência do cinema e da busca por um mundo melhor. Chaplin foi autor de *O Grande Ditador*, que, em 1940, ironizava corajosamente Adolph Hitler. Mas esse é só um exemplo da sua brilhante, longa e frutífera carreira.

Naquele período sombrio de poder militarizado, a repressão política e o conservadorismo de costumes fomentavam comportamentos que tinham o sentido oposto, só que à sombra e com forte componente sexual. Um pouco disso aparecia nas chamadas "pornochanchadas", filmes brasileiros de sucesso nos anos 1970, elaborados a baixo custo e extremamente rentáveis. Eróticas, as produções não chegavam ao sexo explícito e eram a alternativa para atores que queriam se dedicar ao cinema. Tratava-se do que se convencionou chamar de "pornô soft", filmado na Boca do Lixo. Faziam da nudez e do sexo insinuado um chamariz para o grande público masculino que se esbaldava, tornando celebridades atrizes como as belas "divas" Aldine Müller, Helena Ramos, Matilde Mastrangi, Nicole Puzzi, Zilda Mayo... As produções eram de pouca qualidade e muita quantidade, feitas às dezenas e dezenas, ano a ano, incessantemente. Vale a pena listarmos alguns dos inspirados títulos, detendo-nos APENAS no ano de 1977: *Escola Penal de Meninas Violentadas, Internato de Meninas Virgens, Dezenove Mulheres e Um Homem, Coquetel do Sexo, Emanuelle Tropical*, sem falar em clássicos como *As Intimidades de Analu e Fernanda, Bem Dotado, o Homem de Itu* e *Como é Boa a Nossa Empregada*.

Que ano!

• • •

E no futebol? O Grêmio montou o time que lançou o clube, posteriormente, para suas principais conquistas, com os títulos nacionais e internacionais. Sem aquele time, é bem provável que nada do que veio depois teria ocorrido. A equipe do técnico Telê Santana, montada com extremo critério, era uma poesia. Recito-a e suspiro de saudade: Corbo; Eurico, Ancheta, Oberdan e Ladinho; Vitor Hugo, Tadeu e Iúra; Tarciso, André e Eder.

O presidente Hélio Dourado, um visionário cirurgião torácico, homem que seguia a tradição gremista de ter profissionais liberais como dirigentes, não por acaso é patrono do clube no final deste 2015 em que escrevo. Homem de gestos largos e olhos vívidos entre as rugas que o tempo desenhou, "Doutor Hélio" entendeu o significado da Coligay quando o líder dos rapazes, Volmar Santos, o procurou para pedir espaço a uma torcida de homossexuais. Carregando nos erres, como é de seu feitio curioso de falar, o hoje patrono disse "Porrr que não? Eles são grrremistas, e é isso que me imporrrta", e deu até espaço físico no Estádio Olímpico para Volmar e sua turma alegre guardarem os mantimentos mais pesados. Até hoje Volmar define Dourado como "ídolo". E não é para menos. Nas arquibancadas, a brava Coligay incentivava o time até nos momentos ruins. Jogadores como o capitão uruguaio Ancheta, Oberban, Tarciso e Iúra disseram a este autor que a moçada fazia a diferença. Eram um "*doping* anímico". E importante: jamais brigavam! Só se defendiam, com as técnicas de karatê que treinavam.

Mas, enfim, o que diz Hélio Dourado sobre aquele time de Telê?

– Foi um time excepcional. Um time de homens, homens como Tadeu Ricci, um grande sujeito. Oberdan, um líder. Foi campeão gaúcho naquele ano e abriu muitos caminhos. Quando deixei a presidência, entreguei o Grêmio campeão brasileiro (em 1981), com uma equipe muito boa, que tinha uma pessoa muito importante: Hugo de León. Até hoje ele é importante no Grêmio. Tendo De León como capitão, ganhamos o Brasil, a América e o mundo. Grande parte daquele time campeão mundial, em 1983, era consequência daqueles times iniciais.

Em depoimento registrado no livro *Até a Pé nós Iremos*, de Ruy Carlos Ostermann (Mercado Aberto, 2000), Telê, morto em 21 de abril de 2006, fez o seguinte comentário:

– Eu acreditava no time porque estava muito por cima o nosso astral. Sabe, os jogadores todos acreditando muito, e nós fazendo o possível e o time foi crescendo, até que chegou o título, jogando um belíssimo futebol.

Mas não foi fácil a costura daquela equipe que mesclava jovens com experientes, temperamentos que se completavam. Era um conjunto afinado. Algo que representava para o Grêmio o que os Beatles representaram para a Humanidade. Foi um time revolucionário, que abriu caminhos.

Só que a montagem foi criteriosa e certeira. A defesa se ajeitou logo, com Oberdan se mostrando o parceiro ideal para Ancheta. Até os laterais se completavam. Eurico, pela direita, era mais técnico. Ladinho, pela esquerda, um operário. Vitor Hugo, o volante, limpava os trilhos para o maestro Tadeu criar e o agudo Iúra agredir, encostando-se no atacante. O problema era este: o atacante! O gremista Carlos Nobre, misto de cronista e comediante na penúltima página de *Zero Hora*, subvertia o ditado segundo o qual a melhor defesa é o ataque. Escrevia, irônico, que "o melhor ataque é a defesa". Os defensores faziam os gols que escasseavam nos atacantes. O colunista tricolor Paulo Sant'Ana, pioneiro ao abraçar a causa de um clube, irritava-se com Iúra, que, segundo ele, "não sabia o que fazer em campo", e com Telê, por escalar mal. Sant'Ana exigia o centroavante, o homem de referência no ataque. Lembrava que, no ano anterior, pedira insistentemente a contratação de Dario. O Grêmio não se mexera. O Inter "aceitou" a sugestão, para desespero do cronista, e Dario, o Dadá Maravilha, tornou-se ídolo colorado, bicampeão brasileiro de 1976. Naquele primeiro semestre de 1977, Sant'Ana lembrava o "Caso Dario" e pedia Luizinho Lemos, que despontou no América-RJ e também teve boa passagem pelo Flamengo. Mal sabia que o Inter, mais adiante, também o buscaria. O Grêmio, de qualquer forma, desta vez, acabaria se dando bem: não foi atrás de Luizinho, mas "achou" o marrento e movediço André, que não apenas se tornaria ídolo da torcida, mas também conquistaria a admiração do próprio cronista.

• • •

Sobre Hugo de León, um comentário solto, mas relevante e revelador: o "capitão charrua" chegou do Uruguai para o Grêmio no início de 1981. Veio do Nacional de Montevidéu, espécie de clube-irmão do Grêmio, de onde também viera Ancheta. Mas De León não é de Montevidéu; é de Rivera, na fronteira com a brasileira Santana do Livramento, no Rio Grande do Sul. Lá em Rivera, quando o pequeno Hugo era criança, a TV que pegava melhor era a Gaúcha, atual RBSTV. Resultado: ele via mais os jogos do Grêmio do que os do Nacional. Certa vez, em entrevista que fiz com ele para o jornal *Zero Hora*, revelou-me: seus times de infância eram Grêmio e Nacional, nessa ordem.

•••

Falemos também sobre Iúra, até para focarmos naquele timaço de 1977. Desgastado pela sequência de derrotas na primeira metade dos anos 1970, o excelente Júlio Titow, também conhecido como "Passarinho" por correr o tempo todo com leveza, habilidade e garra, quase se viu preterido do time que amava. Entre as contratações que os dirigentes gremistas tentaram, havia o meia Renato, parceiro de André Catimba (que só se tornaria "Catimba" em Porto Alegre) no Guarani, de Campinas. Mas não rolou, e Iúra ficou no Tricolor para viver sua melhor fase.

Sobre o time que o redimiu, o que diz Iúra?

– O time do Grêmio de 1977 era o melhor time que havia no Brasil; pena que não conquistou um título nacional. E digo mais: acho que o Grêmio nunca formou um time melhor.

O gremismo de Iúra o levou a uma cena antológica: depois de ter ficado 10 anos no Grêmio, já castigado por uma lesão no fêmur que provocaria mais adiante sua aposentadoria precoce, mais adiante ele deixaria o clube gaúcho, indo para o Criciúma. Pouco depois, o hoje conselheiro gremista recebeu proposta do Internacional. E não foi grosseiro, claro: contrariado e sem saber bem como agir, aceitou o gentil e histórico convite, que também era uma clara provocação ao adversário nas estocadas mútuas da rivalidade Gre-Nal.

No momento de se apresentar ao clube que tanto enfrentou, desconfortável, refletindo sobre os significados de paixão e profissionalismo, sobre o quanto tais elementos devem ou não estar associados entre si, sobre o quanto a paixão enfim é a razão de ser da profissão que abraçou para a vida, a essência do "negócio" futebol, surpreendeu a todos. Tomou uma atitude que pode ser vista como indelicada e ofensiva, ou, pelo contrário, repleta de deli-

cadeza apaixonada e real profissionalismo. Ao receber a camiseta vermelha do antigo rival, iria vesti-la pela primeira vez na vida, aos 27 anos de puro e apaixonado gremismo. Teve poucos segundos para pensar um pouco mais no que significava aquele gesto, aquele momento. E pensou. Pensou, ponderou, sacudiu a cabeça para os lados, premiu os lábios, quase apelou por compreensão e afirmou:
– Não dá. Eu não consigo.

Ali, naquele instante, Iúra decidiu partir para a aposentadoria. Também ali deu um exemplo de rara inteligência. Preservou intacta a eterna idolatria que teria no seu clube do coração. Entrou para a história como uma prova de que o profissionalismo, sem um mínimo de paixão pelo que se é e pelo que se faz, torna-se vazio, sem significados.

• • •

Você dirá: aquele time de 1977 só ganhou o Gauchão? Sim. Mas, além de o regional daquela época ser um torneio com mais envergadura do que os atuais, aquele, especificamente, era essencial. O Internacional tinha talvez o maior time da sua história e conquistara o octacampeonato regional e o bicampeonato nacional. Tinha gente como o impressionante goleiro Manga (que depois jogaria no Grêmio), Figueroa, Marinho, Caçapava, Batista (que também se transferiria para o Grêmio), Falcão, Valdomiro, Dario, Flávio, Lula. Confesso que enfrentar aquele time me fazia tremer. Imagine os jogadores do Grêmio. Então, veio Telê e começou a analisar o mercado da bola. Manteve os ótimos Eurico, Ancheta, Vitor Hugo, Iúra e Tarciso, que, especialmente Ancheta, Tarciso e Iúra – os mais antigos do grupo –, traziam nos ombros o peso de anos difíceis. Pôs o ótimo Zequinha na reserva de Tarciso, mas com papel importantíssimo no grupo – o problema é que, até então, Tarciso jogava de centroavante e Zequinha de ponta-direita. Ambos eram amigos, e Tarciso se assumia como fã de Zequinha. Mas a história mostraria que o "Flecha Negra" também era um ponta nato, com aquela velocidade fantástica e o faro do gol. Teve que aceitar a desconfortável situação de pôr o parceiro no banco. Veio ainda Éder, um garoto mineiro conhecido por encantar as mulheres com seus longos cabelos negros ondulados e nariz afilado num corpo atlético e por ludibriar os goleiros com a potente perna esquerda, de onde saíam chutes violentos tomados de surpreendente efeito, que por vezes faziam do cruzamento um tiro direto e preciso. Oberdan chegou pondo banca já no primeiro Gre-Nal, quando encontrou o colorado Escurinho, exímio cabeceador e frequente algoz do Grêmio, a quem disse, com o dedo em riste, que jamais faria gols de cabeça na goleira tricolor, guarnecida pelo uruguaio Corbo, enquanto ele, Oberdan, ali jogasse. Oberdan, aliás, foi a primeira contratação daquele ano. E sua promessa foi cumprida – Escurinho nunca mais fez gols de cabeça no Grêmio. Para a lateral-esquerda, Ladinho era um marcador eficiente e armador razoável, que chegou do Paraná, indicado num telefonema quente. E Tadeu? Tadeu Ricci! Era um grande sujeito. Líder técnico do time, o representante de Telê dentro de campo para orientar taticamente os companheiros. Chegou do Flamengo com a fama de ter ensinado Zico a bater faltas. E era impressionante a qualidade dos seus chutes e lançamentos. No ataque, André Catimba. Ora, por que "Catimba"? Ele não gostava do apelido, mas lhe servia à perfeição. André era centroavante técnico, que abria espaço para os companheiros, fazia jogadas de extrema qualidade para servi-los e ainda marcava gols. Um dos maiores atacantes que pisaram o gramado fofo do Olímpico. Baiano, com a ginga dos lutadores de capoeira – ele era lutador de capoeira – e muita malandragem. Conseguia enervar os adversários a ponto de fazê--los perder a cabeça e ser expulsos. Certa vez, disse para um defensor adversário pegar a bola com as mãos dentro da área porque o juiz teria pedido. O tal defensor agarrou a bola. E o juiz estranhou aquilo, mas não teve o que fazer. Assinalou pênalti, sem entender tanta esperteza de um lado e tanta ingenuidade de outro.

Você dirá. Pô, isso não é *fairplay*. Será? Futebol se vence também com as mais diferentes inteligências, e o que André fazia pode ser definido como drible mental. O cara era craque com a bola nos pés e também na rapidez do raciocínio. Era um baiano matreiro, mulato de olhos verdes e inteligência aguçada. Daqueles jogadores que causam lá os seus incômodos no vestiário, mas depois incomodam ainda mais os zagueiros, assim como Éder fazia. E, ora, o importante, mesmo, era incomodar os zagueiros no local e no momento decisivos – o campo e o jogo.

Esse era o perfil básico daquele time excepcional, um dos mais qualificados da história do Grêmio, apesar de ter até chegado perto do título nacional, mas sem conquistá-lo. Só que o regional era redentor. Importava muito naquele ano de romper a hegemonia do rival. Gente como este autor sentia diariamente um desconforto por, ano a ano. ver seu time, sua paixão, sucumbir diante da superioridade inconteste do adversário. Era triste, principalmente para um pré-adolescente como eu. Não por acaso, derramei-me em prantos de pura alegria quando André fez um dos gols mais históricos do Olímpico, pela importância para o clube, pela emoção que envolvia e pela plasticidade. Mas não seja ansioso. Já vou falar sobre esse gol espetacular, que eu queria ver com trilha do Rush.

Antes, quero falar um pouco mais sobre aquele timaço do Telê. Hoje, se você conversar como eu conversei com aqueles jogadores, vai se surpreender pelo gremismo que eles mantêm. De Florianópolis, onde vive, Oberdan me contou o seguinte pelo telefone.

– O time onde joguei por mais tempo foi o Santos do Pelé, e os santistas se surpreendem comigo quando digo para eles: sou gremista. Portanto, não digo isso para ti. É o que digo sempre. E não tem como ser diferente. Aquele time marcou cada um de nós. Era uma família. O Iúra é meu irmão. O time era excelente dentro e fora de campo.

A braçadeira de capitão era do Ancheta, que, de tão gremista, chegou a pedir para sair, no final de 1976, para o Grêmio ter uma mudança de atitude, assumir comportamento altaneiro e passar a pensar como vencedor. Os anos de derrotas pesavam.

Telê manteve o extremamente técnico Atilio Genaro Ancheta. Mas pôs Oberdan ao seu lado. Na verdade, lá do setor defensivo, os dois faziam as vezes de capitães. Ancheta o era formalmente. Oberdan era algo como o "capitão informal". Em termos técnicos, completavam-se. Ancheta afinava, e Oberdan engrossava. Dupla perfeita!

– Tínhamos uma dupla afinada. Quando falei em sair, pensei no melhor para o meu Grêmio; eu queria e quero sempre o melhor para o Grêmio. Depois vi como foi bom ter ficado – diz um emotivo Ancheta, que se naturalizou brasileiro e vive em Porto Alegre, onde canta tangos e boleros na noite, com a voz só não tão elegante quanto era seu futebol de zagueiro refinado. Tão bom ele era que se destacara na Copa do Mundo de 1970, sendo escolhido o melhor defensor do torneio atuando pelo Uruguai e marcando nada mais nada menos que o brasileiro Pelé, o eterno rei do futebol.

A glória o levou a ser contratado pelo Grêmio, e ele se apaixonou pelo clube.

• • •

Buenas, agora vamos falar do tal jogo em que André fez um dos gols mais importantes e bonitos da sua vida. No início deste capítulo, Tarciso nos trouxe o peso que havia naquela tarde. O ar era difícil de ser respirado. Estava denso demais. A torcida do Grêmio foi ao estádio sem acreditar muito: seria possível virar aquela hegemonia? Seria viável uma vitória redentora em cima daquele time colorado que parecia tão invencível? A mentalidade era de quem se acostumara ao infortúnio. Teve gente que sonhou com gols, gente que teve pesadelos terríveis, com homens de vermelho invadindo suas casas. E teve gente que nem sonhou nem teve pesadelo. Nem mesmo dormiu! Tarciso, por exemplo, dormira mal. Pensava nos seus quatro anos de clube, nos seguidos fracassos, na cobrança permanente e na desconfiança que recaía sobre ele. E se angustiava.

• • •

Os gremistas se espremiam no Olímpico. Aguardavam com ansiedade o começo do jogo que poderia levar a algo impossível: derrotar aquele Inter multicampeão. Que ousadia seria aquilo! Entra aqui, então, o comentário pessoal deste autor, um menino que nascera em julho de 1964 e vira o Internacional empilhar títulos regionais seguidos em 1969, 70, 71, 72, 73, 74, 75 e 76, sem contar os campeonatos brasileiros de 1975 e 1976. Aqueles caras eram uma máquina de moer – em especial, de moer carne de gremistas e, ainda mais, de gremistas que jamais haviam sentido o sabor de um título. Eu estava lá na nossa cancha. Havia feito 13 anos fazia dois meses. Sofria em campo, sofria no colégio, ouvia meu pai dizer para ter paciência, que a nossa hora chegaria. Era um pré-adolescente em cujo quarto havia pôsteres de todos os jogadores daquela equipe gremista que tentaria a tal façanha de superar o rival tido como o time da década. Nas paredes do meu quarto, as imagens dos ídolos estavam em meio às das mulheres que posavam nuas nas revistas *Playboy, Status* e *Fiesta*. Uma dessas moças era minha namorada e não sabia – não sabe até hoje: Rose di Primo, ai ai ai, aquela morena do corpo de um dourado escurecido pelo sol da orla carioca, com a penugem clarinha que contrastava à tez bronzeada em coxas brilhantes de pernas torneadas, longas e grossas na medida certa, ombros largos e macios, seios do tamanho de peras, firmes, apontando sempre para frente, um pouco para cima, altaneiros como ela toda, silhueta delineada à perfeição, longos cabelos castanhos por vezes desgrenhados, que, separados ao meio, descortinavam o rosto de nariz arrebitado combinando com a cor dos olhos amendoados, tudo ainda acompanhado de um suave furinho no queixo e a boca geralmente entreaberta de dentes alvos como a pureza daquele menino que eu era. Como eu a amava! Ainda suspiro ao lembrar aquela paixão, aquela moça que tanto namorei solitário no meu quarto, sem ela saber.

Rose, Rose, Rose...

Chega!!!

O que importa é falar de Carlos André Lima, o André Catimba, o filho da Dona Rosália, a pobre mãe que se desesperava em Salvador quando o filho ficava até tarde jogando capoeira, dando saltos mortais para se exibir aos turistas e batendo bola nas areias quentes banhadas pelo mar azul e cálido da Bahia de Todos os Santos – entre esses santos, para nós gremistas, o próprio André. Aquele jogo teve dois episódios dramáticos. O primeiro começou com a falta à direita da área colorada. Tadeu Ricci alçou a bola, com a perfeição de costume, entre o amontoado de jogadores que povoavam a área. André cabeceou procurando algum companheiro mais próximo do gol, mas a bola foi interceptada com o braço pelo zagueiro Gardel, um homem negro e corpulento de quase dois metros que viera para o Internacional com a missão quase impossível de substituir Figueroa – que deixara o clube. Mas Gardel costumava entrar nas provocações do matreiro centroavante gremista; os dois brigavam na beira do campo, Gardel tentando rachar André ao meio, e André gingando sua capoeira na frente do grandalhão, que babava de raiva das traquinagens do baiano. Mas, tanto no emocional quanto na técnica futebolística, Gardel estava muito longe de ser um Figueroa. A regra era e é clara: pênalti! O juiz Luiz Torres correu resoluto até a marca de cal, alheio aos protestos inevitáveis. André, Oberdan, Eder e Eurico, que estavam próximos do lance, pulavam de euforia. Era a chance! O estádio vinha abaixo. Vibração intensa, enlouquecida, que durou alguns poucos minutos, o suficiente para os jogadores colorados fazerem as reclamações de praxe e Luiz Torres manter o ar de paisagem, só esperando o tempo passar. Coube a Tarciso a tarefa de dar o chute que o redimiria de tantos anos tristes, sem conquistas e com humilhações. Na goleira, o ótimo Benítez recebera a orientação de Cláudio Duarte, sobre como Tarciso costumava bater. Aquilo desconcertou o atacante tricolor. Como você leu poucas linhas atrás, o estádio estava mudo; ouviam-se até as eventuais moscas varejeiras. Os gremistas sonhavam com a gangorra subindo, os colorados se apavoravam com a ideia de a gangorra baixar no histórico sobe e desce do futebol gaúcho. Muitos torcedores rezavam, alguns roíam as unhas – eu fazia as duas coisas ao mesmo tempo e ainda deixava os olhos semicerrados para ver e não ver. Coitado do Tarciso! O Flecha Negra chutou forte, à meia altura, no canto direito, em vez de chutar no esquerdo, como de costume. E realmente Benítez se atirou para o esquerdo. Mas a bola, ora, a bola foi para fora. Na TV, o fantástico locutor Celestino Valenzuela dizia "sem comentários". No campo, os colorados vibravam, os gremistas pensavam no cruel destino de sempre. Jogadores do Inter foram ao encontro do cabisbaixo atacante gremista, que se manteve parado na marca do pênalti, olhando o chão, sem coragem de mirar os torcedores e os companheiros, pensando no peso dos anos de derrota. Eram cinco ou seis jogadores colorados que o cercavam, o consolavam ladinamente e vibravam muito, entre eles Falcão, Gardel e Caçapava. Em seguida, vieram ao seu encontro os companheiros.

– Fica tranquilo. Nós vamos sair daqui com o título – disse o calmo Tadeu.

– Vamos sair daqui com o título, e eu vou fazer o gol – acrescentou André.

Tarciso falou para si mesmo.

– Que nada! Eles chegaram agora. Não sabem! Não adianta! Bateu o horror do derrotismo!

O jogo recomeçou, os colorados cheios de si. A recente escrita seria mantida. Mas aí veio uma dividida no meio do campo. Vitor Hugo, um bravo, foi de encontro a Batista, outro bravo, só que do lado deles. Mas Vitor Hugo Barros foi mais bravo. A jogada era ríspida. Saía faísca! Vitor Hugo derrotou Batista no duelo do meio-campo. A bola sobrou, quicando, para Caçapava, que, sofrendo a carga da marcação de um agora enraivecido Tarciso, a afastou, só que a pôs no pé direito de Eurico. Já Eurico soube para quem passar, teve serenidade. De chapa, colocou a bola no pé esquerdo de Iúra, que girou o corpo e, com uma lucidez impressionante, lançou a bola milimetricamente para André enquanto Tadeu corria atraindo a marcação, mas era André que entrava na diagonal, por trás de Gardel. Marcado por três, André dominou a bola com o pé direito e, em um único segundo, com o mesmo pé direito, chutou rapidamente, evitando a chegada dos marcadores que vinham atônitos em sua direção, e acertou o ângulo esquerdo de Benítez. A bola encontrou o ângulo superior, quase beijou o travessão, e ele começou a dar o salto mortal das areias de Salvador, mas desistiu no meio do caminho, só que era tarde.

– Me machuquei todo!

Em compensação, deixou uma imagem eterna, que, se eu fosse ainda adolescente, estamparia o meu quarto ao lado da formosa Rose. Ou, a esta altura, aquela que eu certamente elegeria como sua substituta: a linda gremista Fernanda Lima.

••• 

Aqui, em homenagem a um grande narrador, reproduzo as palavras de Celestino Valenzuela no momento daquele gol essencial da história gremista:

– Iúra, livre pelo miolo. Tentava para André, atenção, entrou na área... baaaaaalaaaaançou a rede!!! Grêêêêêmio!!! André!!!

E, também, a descrição do próprio André:

– Tive a felicidade de fazer o gol e de termos segurado o resultado até o final. Foi uma jogada em que o Internacional estava no ataque. Depois de uma dividida, a bola sobrou para o Iúra, eu entrei pela esquerda, o Iúra me lançou e eu dominei. Do jeito que eu dominei, eu chutei de pé direito e fui para a festa – lembra André.

A comemoração destrambelhada, imagem icônica na história do Grêmio, resultou num problema de saúde bem desagradável, digamos assim. Hoje, André ri do desconforto que viveu naquela época de juventude e hormônios funcionando na plenitude. O caso era sério. André amargou dois meses sem manter relações sexuais.

Mas, com os olhos verdes brilhando de pura paixão pelo que viveu, ele relembra:

– Eu vinha rápido, com aquela alegria imensa e, na empolgação, fui dar um salto mortal. Quando saltei, senti um estiramento na virilha. Quis voltar, mas aí era tarde demais. Caí de cara no chão. Tive um deslocamento no punho, bati o queixo, e o testículo inchou muito. Passei dois meses na seca. Mas valeu a pena. Foi lindo!

Ainda de acordo com André, aquele time era tão afinado que Iúra sabia direitinho: o centroavante costumava entrar pela diagonal. O passe foi preciso. Daquelas jogadas fantásticas que, olhando de fora, até parecem triviais. Quando recebeu a bola, André decidiu chutar de primeira, para evitar o bote do adversário.

– A partir daí, foi um turbilhão. Enlouqueci! Nem pensava mais direito. Queria voar, e foi o que fiz! – recorda-se o atacante que voou levando a torcida ao céu.

Ao tentar fazer o salto mortal em vão o antigo craque e atual mito tricolor só se deu conta de onde estava quando viu o travessão. Sim, foi a essa altura que chegou! Sentiu a pontada de dor na virilha. Até hoje ele sente a antiga lesão na coxa. Loucura! Mas aí ele lembra: os colorados eram octacampeões e estavam preparados para conquistar o inédito enea. André, apaixonado pelo Grêmio como todos os jogadores daquele grupo fantástico, conta que "ENEA" passou a ser abreviação de "Eles Nunca Esquecerão André". E dá risada!

Boa, André! Claro que rimos junto com nosso eterno "Catimba".

• • •

O time entrou em campo, naquele Gre-Nal, com Corbo, Eurico, Cassiá (Ancheta desfalcava o time naquela decisão), Oberdan e Ladinho; Vitor Hugo, Tadeu e Iúra (o guerreiro lateral-direito Vilson "Cavalo" entrou no lugar dele para segurar a vitória), Tarciso, André (Alcindo) e Éder.

Olhando agora, com a distância do tempo, vejo que o Inter tinha um belo time, a base do que seria tricampeão brasileiro em 1979. Mas já não era o de 1976. Gente como Manga, Cláudio (agora técnico, por ter deixado a carreira de jogador prematuramente em razão de um problema físico), Figueroa, Paulo César Carpeggiani (do time de 1975) e Lula poderia fazer a diferença naquele Gre-Nal. O goleiro era o ótimo paraguaio Benítez. Realmente, excelente. Mas não era o mesmo que Manga, o "Manguita Fenômeno" – nunca vi algo igual. Bereta era o lateral-direito. Para tentar desesperadamente o empate, o ótimo meia-atacante Jair o substituiu durante o jogo. Marinho Peres, o excelente Marinho, ainda estava lá. E havia Gardel, com Vacaria na lateral-esquerda (o mesmo lateral de 1975 e 1976); Caçapava, Batista e Escurinho (que sumiu sob a sombra poderosa de Oberdan) compunham o meio-campo; Valdomiro, Luizinho (lembram? Paulo Sant'Anna o havia pedido, mas veio André) e Santos (Dario entrou em meio ao jogo para tentar o empate, que nunca veio) formavam o ataque. Pela escalação do time, percebia-se: o Internacional viera com tudo!

O time-base do Grêmio, que já recitei aqui como um poema, era formado pelos cidadãos Walter Luis Corbo; Eurico Pedro de Faria, Atilio Genaro Ancheta, Oberdan Nazareno Vilain e Abelardo Madalena; Vitor Hugo Barros, José Tadeu Ricci e Júlio Titow; José Tarciso de Souza, Carlos André Lima e Éder Aleixo de Assis. Você acreditaria se eu lhe dissesse que sei de cor essa escalação com os nomes completos? A esses guerreiros, minha eterna gratidão.

Ah, e também agradeço a Alcindo, o "Bugre Xucro". O Alcindo, que muitos torcedores dizem ter sido o maior centroavante já visto em um gramado, era ídolo tricolor nos anos 1960 – jogara no Estádio Olímpico até o inicinho dos anos 1970. Completamente identificado com o clube, voltara ao seu Grêmio naquele ano para encerrar a carreira em casa, cinco anos depois de tê-lo deixado. Um dos mais memoráveis jogos da segunda passagem de Alcindo pelo clube foi um Gre-Nal, em 17 de abril. O "Bugre Xucro" rosnava, tinha fome de gols pelo seu Grêmio e, mais ainda, em Gre-Nais. O jogo terminou 3 a 0 para o Grêmio, com dois gols de Tadeu, de grande atuação, e um dele, Alcindo. Foi o primeiro Gre-Nal do ano, a antessala daquele jogo em que André se espatifaria no chão. Mesmo tendo Éder expulso, o Grêmio amassou o Inter. Foi nessa partida que Oberdan pôs o dedo no rosto de um assustado Escurinho e sentenciou: nunca mais o colorado faria gols de cabeça naquela área da qual ele passava a ser dono.

# 3
# Guerra em La Plata

Claro, teve uma peleada decisão contra o Peñarol, mas o emblema da primeira Libertadores conquistada pelo Grêmio certamente é a guerra travada contra o Estudiantes em La Plata, a capital da província de Buenos Aires, pouco mais que 50 quilômetros distante da cidade de Buenos Aires, a capital federal. La Plata. Uma bela cidade! Mas aquele jogo foi um horror. E reparem: em apenas seis anos, aquele timaço de Telê, do capítulo anterior, nos abriu os caminhos até o título continental e depois mundial. Bem, já agradeci a Corbo, Eurico, Ancheta, Oberdan...

Agora, falaremos de Mazaropi, Paulo Roberto, Baidek, De León, Casemiro, Paulo César, China, Bonamigo, Osvaldo, Tita, Tarciso (ele mesmo, um simbólico jogador, que com o tempo deixou a imagem de perdedor e assumiu a de vitorioso, fazendo jus a sua vocação), Caio, César, o técnico Valdir Espinosa e o preparador físico Ithon Fritzen, o mesmo de 1977.

Era começo da década de 1980. Ainda ditadura militar, que duraria até 1985. Os jovens brasileiros naquele momento histórico eram *hippies* fora de época. Pense bem: quando houve a Revolução Cultural de 1968 na Europa, com a decisiva participação dos Beatles, foi baixado no Brasil um decreto que era chamado de golpe dentro do golpe. O AI-5 fechou ainda mais o regime militar. As liberdades individuais foram tolhidas. As torturas se intensificaram nos porões lúgubres da ditadura. Quem nasceu naquela época, portanto, era jovem com pouco mais ou pouco menos que 20 anos. A anistia aos presos políticos e exilados se dera em 1979. Os grilhões iam sendo abertos lentamente. E a juventude cantava sua ânsia de liberdade. Assim era aquele início dos anos 1980, e não por acaso essa década se tornou icônica na história do *rock* brasileiro.

Na Argentina, o processo se abreviou, e a Guerra Suja que se iniciara em 1974, ainda antes do golpe de 24 de março de 1976, tinha os dias contados. Os militares, para recuperar a adesão popular que vinham perdendo em meio a uma intensa crise econômica, para compensar o afastamento gradual dos Estados Unidos e para se reerguer do próprio desgaste, haviam se envolvido recentemente, em 1982, numa aventura militar contra a Grã-Bretanha – a Guerra das Malvinas. Resultado: a redemocratização, depois de sete anos sob o peso do fascismo inspirado nos piores exemplos europeus, chegou à Argentina de forma mais abrupta e dois anos antes de o mesmo ocorrer no Brasil. Era a culminância de um regime que deixara por volta de 30 mil mortos e desaparecidos. Muitos definem aquela tragédia como uma espécie de genocídio, porque uma geração inteira de intelectuais, muitos deles brilhantes, ficou no pó da estrada.

Aquele 1983 foi o ano da redemocratização argentina, portanto. O presidente Raúl Alfonsín, da União Cívica Radical (UCR), assumiu a presidência e tratou de julgar os repressores, alguns deles assassinos que praticavam seus atos atrozes jogando adversários políticos no Río de La Plata. Também foi naquele ano que o filme *Gandhi*, com seu recado de resistência pacífica ao arbítrio, arrebatou oito estatuetas do Prêmio Oscar, entre as quais a de melhor película e a de melhor ator. Foram lançados filmes maravilhosos como *Zelig*, de Woody Allen, *Danton*, de Andrzej Wadja, e *Scarface*, de Brian de Palma. A saga *Star Wars* tinha o retorno dos Jedi. Federico Fellini lançava *E la nave va*. Na música brasileira, o britânico Ritchie fazia sucesso com *Menina Veneno*. Diversas bandas,

De León com a taça da Libertadores.

como Capital Inicial, Kid Abelha e Titãs, eram as novidades. Os Paralamas do Sucesso lançavam seu primeiro disco. Um LP, claro, que na época não havia CDs. Na Rede Globo, é veiculada a divertidíssima telenovela *Guerra dos Sexos*, um duelo entre os espetaculares Paulo Autran e Fernanda Montenegro. A Compaq lançava seu primeiro microcomputador. A ditadura brasileira fenecia ao natural. Em 4 de abril daquele ano, por exemplo, milhares de desempregados promoveram uma onda de saques ao comércio de São Paulo. Ninguém mais aguentava.

Aqui em Porto Alegre, eu e meu pai, o conselheiro gremista Henrique Gerchmann, conhecido na família e entre os amigos pelo nome Hershel, em iídiche, íamos religiosamente ao Estádio Olímpico ver nosso amado Tricolor. Nos meus dois livros anteriores, eu já conto da nossa rotina de deixar o Fusca numa elevada próxima ao Olímpico e descê-la até o estádio para subi-la novamente, depois do jogo, comendo paçoquinhas de amendoim e ouvindo as entrevistas e comentários, atentamente, no mesmo rádio. O Hershel era um folgado. Brincava até com quem mal conhecia. Homem de conduta exemplar. Pai amoroso, dedicado e generoso. E divertido! Quase sempre, quem guardava o carro era o Gilberto, um menino negro, sorridente, comunicativo, que antecipava uma atividade ainda rara: a de flanelinha. Mas Gilberto era um amigo, gremista como nós, também chegado numa prosa. O Hershel falava Gilberto pronunciando o "L" com a língua colada no céu da boca: "Gilllberto", como dizia "Brasilll", "filllme", "jornalll", "tropicalll". Quando não era o Gilberto que estava ali, o Hershel saía do carro e tascava para o eventual guardador que o substituísse:

– Por que esse movimento todo aqui hoje?
– Tem jogo. O Olímpico está lotado.
– Ahhh, o estádio do Grêmio, né? Pois eu vou a uma reunião de militares aqui perto. Nem gosto de futebol, para ser bem sincero. Cuida direitinho, tá?

O menino emudecia. Anos 70, 80, regime militar. Na dúvida, melhor ficar quieto e acreditar.

Mas com o Gilberto era diferente.

O Hershel brincava, mas não sacaneava. Até falava em iídiche com o Gilberto. Passaram-se os anos. O Hershel adotou a prática de ir com os amigos ao Olímpico. Eu, já começando no jornalismo, tinha plantões dominicais; trabalhava até tarde nos dias de semana, tudo ficara mais difícil. Depois, fui para Buenos Aires trabalhar como correspondente do jornal *Folha de S. Paulo,* veículo no qual trabalhei durante 11 anos. Tempos depois, já no final dos anos 1990, voltei para o Brasil, tive meus dois filhos, e aquele nosso hábito se rompeu de vez. Certa feita, eu e meu pai retomamos aquela deliciosa rotina. Repetimos o ritual. Estacionamos o carro no mesmo lugar. E apareceu o Gilberto, que morava ali perto, o mesmo sorriso, o olhar emocionado por ver os antigos amigos, exibindo orgulhoso sua penca de filhos gremistinhas. Depois do jogo, outro velho hábito se repetiu. Ouvindo rádio, comendo paçoquinhas de amendoim sob um sol ameno de fim de tarde, subimos a elevada para pegar o carro no lugar de sempre. Encontramos novamente o Gilberto, brincamos com os filhinhos do Gilberto, todos fardados de gremistas. E, espantados, os ouvimos balbuciar palavras em iídiche! O repertório do Gilberto em iídiche era quase tão abrangente quanto o meu. Predominavam expressões chulas e pitorescas, claro, naquela mistura de hebraico com alemão que os judeus forjaram para perpetuar sua cultura, perenizar seus hábitos e compensar a dispersão a eles imposta justamente pela intolerância em relação à prática de costumes étnicos e de uma fé diferente da dominante.

• • •

O Grêmio fora campeão brasileiro em 1981 com um belo gol do centroavante Baltazar, outro jogador que voltou para seu Estado, Goiás, mas jamais tirou o Tricolor do seu coração. O próprio Baltazar me contou desse seu gremismo em conversa para um dos meus livros anteriores. Balta, o "goleador de Deus", emudeceu o Morumbi num jogo contra o São Paulo que certamente constaria dessa lista caso eu aumentasse o número de capítulos. Afinal, apesar de não terem ocorrido maiores dramas emocionais naquele 3 de maio de 1981, com 90 mil são-paulinos lotando a casa do adversário e 5 mil gremistas espremidos entre eles, o jogo era um tremendo desafio. E claro, foi heroico como são muitas das histórias do Grêmio. Quatro dias antes, o Tricolor gaúcho derrotara o Tricolor paulista por 2 a 1. Bastaria o empate no jogo de volta. Mas era a chamada "Seleção do Morumbi". O Grêmio jogou com Leão; Paulo Roberto, Newmar, De León e Casemiro; China, Paulo

Isidoro e Vilson Tadei; Tarciso, Baltazar e Odair. O técnico era o grande Ênio Andrade. Dos jogadores gremistas, naquele momento de transição para as conquistas da América e do mundo, seis jogadores tinham entre 20 e 22 anos: Paulo Roberto, Newmar, Casemiro, China, Baltazar e Odair. O São Paulo tinha os experientes Waldir Peres, Oscar, Darío Pereyra, Marinho Chagas, Renato (aquele que quase viera para o lugar de Iúra em 1977), Serginho e Zé Sérgio. Jogo dificílimo, claro! O empate já serviria, mas, aos 20 minutos do segundo tempo, Paulo Roberto levantou a bola na área. Renato Sá escorou de cabeça para a meia-lua, e Baltazar, mesmo chegando em alta velocidade, chutou com um ponto intermediário entre o peito e o lado do pé, acertando um petardo no ângulo esquerdo de Valdir Peres.

No ano seguinte, o juiz errou feio, e o Grêmio perdeu a decisão para o Flamengo. Foi um equívoco atrás do outro, tudo muito estranho. O juiz Oscar Scolfaro não viu nem uma bola tirada da área do Flamengo com a mão no segundo jogo. O Grêmio havia empatado o primeiro por 1 a 1 no Maracanã. O segundo, no Olímpico, terminou 0 a 0 em meio à atuação desastrosa do senhor Scolfaro. No terceiro jogo, o tal jogo-extra no Olímpico, o jovem Renato, que começava a entrar no time, até calçado foi dentro da área adversária. Tinha que dar Flamengo! E deu! Mas deixa pra lá. Aquele amargo vice-campeonato brasileiro de 1982 nos colocou novamente na Libertadores. E Valdir Espinosa começou a moldar um belo time, com a raça de um China e de um Bonamigo e a extrema qualidade técnica de um Tita e de um Osvaldo. Na zaga, a velha estratégia: De León afinava e Baidekão engrossava. Nas laterais, Paulo Roberto era o titular do lado direito, e, no lado esquerdo, Casemiro e Paulo César Magalhães se revezavam. O goleiro era o espetacular Mazaropi, com sua agilidade de felino e grande intuição para saber onde se jogar na cobrança dos pênaltis. Um dos melhores goleiros que vi jogar! E tinha o nosso Tarciso, o "Flecha Negra", agora já um homem desprovido da tensão que a carga de derrotas seguidas provocara. Tinha também o movediço, rápido e oportunista Caio. E tinha ele: Renato Portaluppi, tido como talvez o maior ídolo da história tricolor, o que se justifica pela altíssima qualidade do seu futebol e, também, pelos títulos que conquistou vestindo o manto sagrado azul, preto e branco que sempre soube elevar. A propósito, já foi explicado o porquê de este livro ser dividido em sete capítulos, né? Sete era a camiseta do Renato, um número que se tornou místico para todos nós gremistas.

Na medida em que aquele grande time foi se firmando, até um jingle surgiu, que também traduz a alma gremista brasileira, castelhana e imortal. Diz "Vamos com força/Vamos com raça (...)", numa melodia extremamente contagiante. Espinosa, que curiosamente tem o nome do filósofo panteísta que este autor tanto admira, também formou um time que se define ainda hoje como uma grande família. Ex-lateral do Grêmio no início dos anos 1970, Valdir Atahualpa Ramirez Espinosa era ainda jovem quando retornou ao clube como treinador. Tinha apenas 46 anos ao chegar, em 1982, e completou 47 quando conquistou os títulos mais expressivos do seu Tricolor. Aliás, não só do seu Tricolor. São os títulos mais importantes que um clube pode disputar e conquistar. A juventude e a lembrança de um comportamento irreverente como jogador despertavam a desconfiança dos dirigentes e da torcida. Mas tudo daria certo, como se veria.

– A emoção de conquistar títulos como esses pelo clube que se ama não tem explicação – diz o treinador, confesso torcedor gremista mesmo estando ainda na ativa como profissional neste final de 2015, a exemplo de Renato, que também se tornou treinador e é um apaixonado tricolor.

... 

O jogo em La Plata valia uma vaga nas finais do maior torneio interclubes das Américas. Era um salto daquele clube tão tradicional dentro do seu país, mas ainda sem a almejada projeção internacional. Tratava-se de outra época. Até então, os únicos clubes brasileiros a conquistar a Libertadores haviam sido o Santos de Pelé, o Cruzeiro e o Flamengo. Imaginem o que representava tudo aquilo. O Grêmio, naquele ano, poria o Rio Grande do Sul no *mapa mundi*.

No grupo, a vantagem era do Grêmio, e ela era ampla. O clube gaúcho era o líder. Três pontos na frente do América de Cali (Colômbia) e dois do Estudiantes. Só que o clube argentino também via naquele um momento histórico. O Grêmio derrotara o América e tivera apenas um dia de descanso. O Estudiantes, ardilosamente, recusou-se a transferir o jogo para o dia seguinte, um sábado. Túlio Macedo, dirigente tricolor, tentou argumentar pelo bom-senso. Mas não teve jeito. No hotel Continental, onde se hospedaram, De León e Mazaropi recebiam ameaças de morte pelo telefone. A mensagem ficava na recepção, mas o funcionário as repassava. Tudo isso apesar de a direção, já precavida, ter escolhido o hotel que ficava em Buenos Aires, e não em La Plata.

O ônibus alugado fez o trajeto tentando ser discreto. Não adiantou. Quando chegou a La Plata, alguns torcedores adversários o identificaram. A recepção ao Tricolor foi intimidadora. O estádio Jorge Luis Hirschi já era por si só uma panela de pressão em potencial. Só que a situação foi se tornando mais e mais tensa. O ônibus foi apedrejado ao chegar. De onde vinham os arremessos? Ninguém sabe e, pior que isso, ninguém se preocupou em saber. Dentro do estádio, era outra história, em termos. Sabia-se, pelo menos, as caras de quem cuspia e jogava papéis higiênicos, entre outros objetos mais contundentes. Só que, ainda assim, nada se fazia. O precário alambrado era próximo do campo, e a ameaça era constante. Já antes de a bola rolar, o juiz uruguaio Luis de la Rosa teve de apresentar cartão amarelo para o atacante Trobbiani. De nada adiantou. Os jogadores estavam armados para a guerra. Dois foram expulsos. Primeiro, o mesmo Trobbiani, que desferiu uma patada em China. Depois, com a expulsão do atacante, os jogadores do Estudiantes cercaram e empurraram o juiz. Ponce também foi expulso. Era uma guerra! O Estudiantes estava alucinado. Conseguiu seu gol aos 38 minutos. O estádio veio abaixo. Apenas seis minutos depois, Osvaldo empatou num chute cruzado. Loucura! Chegou o intervalo, e o jogo estava 1 a 1.

Enraivecidos com o gol de empate, os torcedores do Estudiantes começaram a apelar para o patriotismo. Urravam "Ar-gen-ti-na!!!", "Ar-gen-ti-na!!!" Pelas arquibancadas de madeira que sacudiam nervosamente, um recado passou de ouvido a ouvido. Alguém lembrou: na Guerra das Malvinas, aviões britânicos teriam se abastecido no Rio Grande do Sul. Para quê?!! Mais "Ar-gen-ti-na!!!", "Ar-gen-ti-na!!!" A guerra estava definitivamente declarada naquela noite.

Os policiais argentinos contemplavam o clima de horror e comentavam:

– Vocês não deram uma colher de chá aos ingleses? Agora, aguentem.

A violência nas arquibancadas era permanente, e a ameaça de que ela se estendesse ao gramado também. Rojões zuniram perto das cabeças de De León e Mazaropi. Tonho, quando entrou em campo no lugar de Tarciso, para segurar o resultado, levou uma cadeirada nas costas. Tudo parecia permitido. Um jogador argentino pegou papel higiênico, que havia aos montes pela beirada do campo, e o mastigou salivando. Outro revirava os olhos e dizia que os gremistas jamais se esqueceriam daquela noite. Na saída pelo estreito túnel, de não mais que um metro e meio de largura, os jogadores dos dois times se perfilaram lado a lado, em fila indiana. Das arquibancadas próximas, os xingamentos aumentavam de tom; havia ameaças cada vez mais graves. O segurança do Grêmio ficou na porta e avisou que ali ninguém entraria. Caio foi agredido e teve uma fissura no tornozelo. Quem o agrediu? O que houve com os agressores, que eram mais de um? Parece que eram três. Mas quem?! Sabe-se lá. Tiveram de abrir a porta rapidamente para o atacante, com o tornozelo direito do tamanho de um melão e a cor de uma manga madura, e o corpo em geral repleto de hematomas. Teve de ser substituído emergencialmente por César. Aí, veio o segundo gol do Grêmio, que poderia ser o da classificação. Quem o fez? O mesmo César que entrara no lugar de Caio em razão da agressão que este sofreu. Uau! Ironia numa hora dessas? Eram oito minutos de jogo. Tensão altíssima. Poderia aumentar ainda mais? Claro! Renato recebeu o passe preciso de Tita, levou uma sequência de adversários de roldão, chutou seco e fez o 3 a 1, que, por ora, punha o Tricolor nas finais, aos 18 minutos. Mas haveria ainda pelo menos mais 27 minutos de guerra. Para piorar a situação, o irreverente Renato comemorou mandando beijinhos para a torcida adversária e pondo o dedo em frente aos lábios, como quem exige silêncio. Para que, Renato? Casemiro vai ao seu encontro e o abraça, procurando escondê-lo. A pressão era intensa. Três minutos depois do gol, o auxiliar Ramon Barreto desaba após ser atingido na cabeça por um objeto. O massagista Banha e o médico Dirceu Colla o acodem. Os jogadores do Grêmio comentavam entre si: sairiam vivos daquele inferno? Mazaropi leva uma pedrada e cai no gramado. O juiz vai ver o que houve e também leva uma pedrada. É uma chuva de meteoritos. Aos 31 minutos, Gurrieri descontou: 3 a 2. Osvaldo ainda fez o quarto gol, legítimo, mas o juiz o anula meio que sem explicação. Seria o 4 a 2. Ficou no 3 a 2, e Russo, aos 41 minutos do segundo tempo, empatou. A guerra foi até o fim, e os jogadores saíram de campo correndo, sentindo-se aliviados por estarem vivos e apostando que o América pelo menos empataria seu jogo – foi aí que entrou o presidente Fábio Koff com trabalho de bastidores para evitar uma surpresa.

Mas, entre o empate salvador e a saída do estádio, todos temiam ainda pelo pior. Não sabiam se as arquibancadas de madeira já haviam sido evacuadas. Era madrugada do dia seguinte, e os jogadores do Grêmio não saíam. Conversavam sobre o que ocorrera, punham gelo nas feridas. Mazaropi, que tivera de ficar parado na risca do gol, foi um dos que mais sofreu. Uivava de dor e contava os hematomas resultantes das pedradas que levara. Tudo impune! De repente, aparece um torcedor gremista. Pede socorro. A camiseta do Grêmio que ele vestia estava rasgada, havia sangue nela. O sujeito, apavorado, tinha um dente quebrado e levava o que sobrara dele na mão. Na outra mão, uma baqueta de bumbo. Foi acolhido pelos jogadores e pela comissão técnica.

Os heróis daquela epopeia fantástica foram Mazaropi; Paulo Roberto, Leandro (o substituto de Baidek, que ficara em Porto Alegre por ter se submetido a uma cirurgia no maxilar), De León e Casemiro; China, Osvaldo e Tita; Renato, Caio (César) e Tarciso (Tonho).

— Temems por nossas vidas, temíamos não sair vivos de lá — reconhece Espinosa, o treinador gremistaço que leva o sobrenome do filósofo panteísta Baruch Spinoza, aquele que sustentava a ideia do Deus único sendo a personalização, digamos assim, da natureza e de sua força vital (certamente, uma das 70 formas que o sábio judeu Hillel dizia serem possíveis para interpretar a Torá, o Pentateuco formado pelos cinco primeiros livros do Antigo Testamento).

Um comentário solto: este autor é fã de Espinosa e de Spinoza.

• • •

Tudo deu certo, ufa! O América precisava empatar para evitar que o Estudiantes passasse às finais no jogo em Cali. Detalhe: o América já estava eliminado. Mas Koff havia se aproximado dos dirigentes colombianos. Tornara-se amigo deles. E, se essa amizade foi determinante ou não para o América jogar a valer, não se sabe. O que se sabe, com certeza, é que Libertadores se ganha acima de tudo dentro de campo, claro. Mas, fora dele, é muito importante estar atento aos detalhes. Koff, claro, estava. Sempre! Juiz de carreira, acostumado a conduzir embates de fundo emocional, homem que tem aquela rara química de lidar com os boleiros e agir na medida certa da boa política, ele até foi ao estádio conferir de perto o que ocorreria por lá. Fora convidado pelos próprios dirigentes do clube. Chegou lá com a chamada "mala-branca": US$ 18 mil acondicionados em torno da cinta, por dentro. O objetivo era distribuir o prêmio aos jogadores colombianos, supostamente desinteressados em razão da desclassificação prematura. Havia o constrangimento de ser mal interpretado, de provocar ambiente desconfortável, de ofender. Koff se preocupava em não melindrá-los. E o incrível se deu: eles não levaram a mal a proposta; até entenderam seu espírito. Mas não aceitaram o mimo! Convidaram Koff para ir ao vestiário, ouvir a preleção e entender que lá haveria um ambiente de muito entusiasmo pela vitória.

Qual o argumento usado por Koff aos dirigentes do América, então?

– Vocês jogam pela sua honra, pela sua dignidade.

Nem precisava. Assim como o Grêmio, o América fora maltratado quando jogara em La Plata. Os jogadores queriam a vingança. Estavam com raiva. Enfim, o ambiente que supostamente prejudicou o Grêmio também o beneficiou, pois motivou os colombianos.

O jogo entre América e Estudiantes terminou empatado em 0 a 0. O Estudiantes ainda acertou uma bola na trave colombiana quando faltavam dois minutos para o final. A torcida do time local sabia que Koff estava lá. Sabia mais: que jogava em nome do Grêmio.

Terminou o jogo, e um grupo olhou para trás, onde estava sentado Koff.

– Grêmio! Grêmio! Grêmio! – gritavam eles.

Mais adiante, o Grêmio premiou os bravos e solidários colombianos. Como? Jogou um amistoso em Cali e pôs nos seus honrados peitos a faixa de campeões do seu país.

Tarciso, todo um símbolo dessa caminhada virtuosa que veio desde 1977, conta:

— Estávamos aliviados por termos saído vivos de La Plata. Mas não era simples. A angústia era grande. Tivemos de torcer pelo América de Cali. O presidente Koff foi para lá. Quando terminou o jogo deles, foi uma festa em Porto Alegre. Até parecia que já havíamos conquistado a Libertadores. Ficamos ainda mais no compromisso. Precisávamos ser campeões!

• • •

Veio, então, o Peñarol.

O primeiro jogo seria em Montevidéu. O segundo, em Porto Alegre. Duas capitais próximas, quase irmãs. Só que o time-irmão do Grêmio é o Nacional. Não por haver algum sentimento restritivo em relação ao Peñarol, mas a História construiu uma proximidade que se vê ainda hoje nos estádios, lá e cá. Gremistas torcendo pelo Nacional e vice-versa. E lá estavam os tricolores do Nacional, no Estádio Centenário, juntando-se aos milhares de tricolores do Grêmio.

O Grêmio jogou a primeira partida, em 22 de julho, com Mazaropi; Paulo Roberto, Baidek (recuperado), De León e Casemiro; China, Osvaldo e Tita; Renato, Caio (também recuperado do horror de La Plata, mas sendo substituído depois por César) e Tarciso. O Peñarol, naquele momento tetracampeão da América, era um adversário temível. Todos lembravam uma curiosidade: o time uruguaio perdera apenas uma vez no Centenário quando disputada a decisão do torneio continental. Claro, contra o fantástico Santos de Pelé.

Doze minutos após o começo do jogo, Tita fez o primeiro gol do jogo. Imagina, começar a decisão com uma vitória fora de casa! Mas Morena, o grande atacante uruguaio, empatou 23 minutos depois. Ao contrário do que ocorrera no jogo épico de La Plata, o confronto com o Peñarol foi liso, tranquilo, sem sobressaltos. E a decisão ficava para o Olímpico.

O uruguaio De León, ex-jogador do Nacional e torcedor, desde a infância, dos dois tricolores, o uruguaio e o gaúcho, cunhou

esta frase, que percorreria as arquibancadas da antiga casa gremista, o Estádio Olímpico, de tantas glórias, tantos sofrimentos, tantas história...
— Povo azul, chegou a nossa vez!
Foi isso que disse De León. Uma nova história se abriria no velho casarão. Era 28 de julho de 1983. Olímpico lotado, todos apertados lado a lado. O Grêmio jogou com Mazaropi; Paulo Roberto, Baidek, De León e Casemiro; China, Osvaldo e Tita; Renato, Caio (César) e Tarciso.

Como em Montevidéu, o Grêmio começou cedo a desenhar uma vitória. Aparente, como no jogo anterior? Eram nove minutos de jogo. Haveria ainda mais 81 pela frente. Oitenta e um? O número mágico daquele ano em que viera o primeiro título brasileiro. Seria uma jornada gloriosa.

Bem, aos nove minutos de jogo, Casemiro pegou a bola na intermediária, vinda da defesa adversária. Passou-a para Osvaldo, que corria pela esquerda. Osvaldo entrou na área e cruzou em direção à direita do ataque. Lá estava Caio, que se jogou na bola e fez o primeiro gol. O Peñarol foi para cima, buscava incessantemente o gol. Terminou o primeiro tempo, e o sentimento era de profundo desconforto. O adversário reagia. O Grêmio resistia. Até os 25 minutos do segundo tempo, quando Ramos bateu falta e Morena cabeceou de forma certeira para empatar. Caso persistisse o empate, haveria um terceiro jogo, em estádio neutro. Seria em Buenos Aires. Mas o Grêmio queria assegurar o título diante da sua torcida, com o seu apoio. Sete minutos depois do gol de Morena, Renato estava encurralado entre marcadores uruguaios, no canto do campo. Não tinha muito o que fazer. Driblá-los? Não havia por onde. Pois bem: a solução foi fazer uma embaixadinha e alçar a bola na área adversária. Se fosse outro o jogador, o alçamento seria aleatório. Mas não com Renato! O craque gremista pôs a bola na altura da segunda trave guarnecida pelo goleiro Fernández. César, que entrara no lugar de Caio, atirou-se de encontro à bola e a cabeceou, meio sem jeito. Loucura! Um gol com a cara e a alma do Grêmio.

A América era azul, como havia dito De León.

E o mundo também se preparava para sê-lo.

# 4
# *O mundo se pinta de azul!*

No limiar da década de 1960, o soviético Yuri Gagárin, depois de ir ao espaço e contornar o mundo, observando-o do alto, fez com que todos soubessem do que havia visto:
– A Terra é azul!

Pouco mais de 20 anos depois, em 11 de dezembro de 1983, sob a coordenação de Valdir Espinosa, um grupo de heróis formado por Mazaropi, Paulo Roberto, Baidek, De León, Paulo César Magalhães, China, Osvaldo, Bonamigo, Paulo César Caju, Caio, Renato, Tarciso e Mário Sérgio, sem esquecer outros tantos que vieram antes e que tornaram aquilo possível desde o emblemático 1977 desbravador, confirmaram em Tóquio o que Gagárin dissera. Só que pondo novas tintas ali, com as cores da diversidade sobre a mesma Terra e sob o mesmo céu:
– A Terra é azul, mas também preta a branca!

O contexto histórico de 1983 está no capítulo anterior, claro, que tratou de tema ocorrido também nesse ano glorioso para o Grêmio. Aquele ano estava chegando ao fim e se descortinava um 1984 no qual os brasileiros enfim ganhariam as ruas. A insatisfação com a ditadura militar transbordou. O movimento "Diretas Já!" foi um raro momento de unidade das forças democráticas brasileiras. Cantava-se em coro pelos direitos humanos, pelos direitos individuais, por um país melhor. Universidades paravam para os estudantes protestarem pelo direito ao voto, assim como greves eram realizadas com o mesmo fim em diversos setores e com o consentimento dos patrões, irmanados aos empregados na mesma causa. Pena que o motivo pontual dos protestos, as eleições diretas, ainda teve de ser postergado, porque o Congresso dominado pelo governista PDS não ouviu o rugido popular. Mas a ditadura definhava; não tinha mais volta.

O *rock* brasileiro se firmava como importante movimento cultural. Parecia que vivíamos a nossa década de 1960 com algum *delay*. As liberdades individuais davam um salto. No Grêmio, essa página nova da história brasileira já se fizera notar. O vanguardismo da Coligay deixava o seu legado. O líder da moçada, Volmar Santos, teve de renunciar ao comando da corajosa organizada *gay*, porque problemas familiares o chamavam na sua Passo Fundo, e se tornou inviável ele continuar no comando da boate Coliseu. E, por fim, viu-se que não haveria Coligay sem Volmar no comando. Era tudo muito anárquico; só ele punha alguma disciplina na rapaziada. Mas é como ele diz: a Coligay, que representou uma maravilhosa lufada fresca no conservadorismo dos estádios, abriu espaço inclusive para as mulheres, que até então, caso pisassem no cimento de uma arquibancada, eram chamadas de "vadias", e o homem que as acompanhasse era chamado de "corno". Tempos sombrios, aqueles. A Coligay, aliás, foi pioneira também no jeito de torcer, vibrante, apoiando o time mesmo quando ele estivesse jogando mal ou até perdendo.

– O que eles faziam nas arquibancadas tinha um pouco de certo instinto feminino. Eles abriram espaço para as mulheres também nos estádios – analisa o mestre Ruy Carlos Ostermann, o homem que fazia do comentário esportivo um espaço de reflexão filosófica sobre a sociedade.

Volmar gosta de lembrar que a Coligay protagonizou, entre 1977 e 1983, um papel nobre como influência para o fim do preconceito e, também, como "torcida pé quente" do Tricolor. Faz sentido. O rebolado da rapaziada deu o ar da graça em abril de

1977, ano em que o Grêmio retomou a hegemonia regional com o grande time de Telê, e se manteve firme até 1983, ano dos títulos continental e mundial. Ou seja, a cronologia indica o cumprimento de uma missão.

– Foi uma história muito bonita. Hoje, eu vou à Arena, e as pessoas não têm ideia de quem eu seja. A Coligay foi muito importante. Começou com o título gaúcho e terminou no mundial – constata Vomar, um homem corpulento, de cabelos e olhos escuros e o riso fácil.

A rapaziada começou sob desconfianças, deboches e ameaças de repressão. A polícia tinha o departamento de costumes, algo próprio da ditadura. Estava de olho no comportamento da turma. Os próprios jogadores a estranhavam no início. Depois, passaram a dizer que "eram umas bichas, mas eram as nossas bichas". Por fim, acabaram reconhecendo plenamente seu valor. Enfim, a Coligay pegou um país acinzentado e saiu de cena aos poucos, despedindo-se discretamente no final daquele 1983, com um arco-íris que despontava.

Em *Coligay – Tricolor e de todas as cores*, fiz um resumo frenético para mostrar o quão alucinante foi aquela virada da década de 1970 para a de 1980. No Brasil, eram décadas vertiginosas em meio a um século que parecia comportar 500 anos dentro de 100, em especial depois do marco que foi o conjunto da I e da II Guerra, uma alimentando a outra e ambas alimentando um século transformador, para o mal e para o bem. Voltemos àquela síntese, com o marco inicial em 1977, para você saber mais da época histórica a que me refiro.

Eis:

"Geisel aqui. Carter lá. *Dancing Days*. Lenta transição. Abertura. Anistia. Movimentos sociais. Figueiredo e seus cavalos. Promessas. Democracia na agenda. Greves. ABC. UNE. Fim de exílio. Operação retorno. Brizola em São Borja. Socialismo moreno. 'A volta do irmão do Henfil'. A volta de outros tantos. Intelectuais,

Time campeão do mundo de 1983. Em pé: Paulo Roberto, Mazaropi, Baidek, China, Paulo César e De Leon. Agachados: Banha (massagista), Renato, Osvaldo, Tarciso, Paulo César Lima e Mário Sérgio.

religiosos, sindicalistas. Condomínio petista. Pluripartidarismo. MDB + P = PMDB. PDS. PFL. PP. PT. PSDB. PDT. PTB. PSB. PV. PCs. PPS... 'Pês' a dar com pau. Sopa de letrinhas. Fome de democracia. Sede de liberdade. 'O povo quer votar!'. 'Diretas já!'. Derrota. Adiamento. Frustração. Colégio eleitoral. Tancredo. Esperança. Festa. Tacredo morto. Sarney vivo. 'Made in ditadura'. Amarga ironia. Década perdida. Hiperinflação. Mercosul. Mundo em blocos. Diretas, enfim!. 'É dando que se recebe'. Casas gradeadas. *Shoppings.* Telepizzas. Teletudo. Geração Coca-Cola. *Rock* nacional. *New Age.* Videocassete. Telefone celular. Ecologia. 'Constituição Cidadã'. Certezas neoliberais. Cada um por si. Fernando Collor. Cai o Muro de Berlim. Farra dos importados. Febre sertaneja. Corrupção sem cortes. Na boca do povo. Caras pintadas. Imprensa dá as caras. 'Fora Collor!'. Itamar. Pão de queijo. Plano Real. Voo tucano. DVDs. Democracia em construção. Democracia em exercício. Imperfeições democráticas. Eterna construção. Contradições políticas. Internet. Alianças improváveis. Alianças expúrias. Gandaia partidária. Eleitor confuso. Seitas evangélicas. Fernando Henrique, o sociólogo. FH, o presidente. Teoria x Prática. Teorias agonizam. Vendem-se estatais. PT x PSDB. Incertezas neoliberais. O exemplo Mandela. Programas sociais. Inflação domada. Imprensa atenta. Mais corrupção. Mais do mesmo. Reeleição comprada. MST x Ruralistas. Orgânico x Transgênico. Ecologia na agenda. Calota ártica derrete 3,8% ao ano. 3,8% ao ano!!! Fórum Econômico. Fórum Social. TV a cabo. Terrorismo global. 11/9. Medo. Guerra ao terror. Doutrina Bush. Segurança x Liberdade. Dilema. Desuso neoliberal. Exemplo Mandela. Vida complexa. *Crack* nas ruas. Veneno na esquina. Armadilha do vício. Perverso poder. A praga dos 'mensalões'. Lula. Churrasco e cerveja. Bolsa Família. Fome Zero. Embarque da classe C. Pagode. Geração Y. Redes sociais. Mundo plural. Presidente Obama. Presidenta Dilma. Negro e mulher. Vertigem. Ciência x fé. A ciência encontra a fé. As ruas urram. Participação x representação. Política em xeque. Ideologias em xeque. Imprensa em xeque. Protagonismo popular. Gritos por vez. Gritos por voz. Agora é pós. Ufa!!!"

• • •

*Nosotros* gremistas tivemos um *réveillon* especial na passagem de 1983 para 1984. Lembro-me de ter assistido ao jogo com meu pai e meu amigo Cláudio Ricachenevsky na casa de um amigo do pai, o querido Adolfo Goldstein. Estávamos extasiados. Eu e meu amigo e colega de colégio, com quem temos ainda hoje a cadeira perto um do outro, mas na Arena e com nossos filhos. Hoje eu jornalista e ele pediatra. Meu pai e o amigo dele. Torcíamos sempre juntos no Olímpico. Somos testemunhas de um grande naco da história tricolor, de sofrimentos e glórias. Claro, meu pai e o amigo dele mais. Aquele era um momento sublime. Inacreditável. Caminhávamos pela Avenida Independência, soltos, loucos, rindo, sentindo a paz de ter conquistado algo transcendental. Havia uma brisa, muita alegria. Íamos conforme a brisa. Era madrugada. Amanheceria, e nós ainda estaríamos embevecidos na rua, naquela avenida que era a extensão da Rua Mostardeiro, onde tudo havia começado exatamente 80 anos antes. Os carros passavam com as bandeiras. Éramos todos irmãos, todos sentindo o mesmo júbilo. Porto Alegre se vestiu de azul. E era mesmo algo transcendental. O pertencimento ao nosso clube, o simbolismo daquelas três cores com as quais praticamente nasci vestido, parecia que éramos nós próprios em Tóquio. Éramos nós, ora! Havíamos chegado ao topo do mundo. Era o nosso querido Grêmio! Nosso lindo Grêmio! Era o Grêmio do Lara, do Lupi, do Everaldo, do Foguinho, do time de 1977. Aquilo não tinha preço. Que sensação! Que momento divino! O Rio Grande do Sul era o centro do futebol mundial pela primeira vez. O Brasil, pela terceira, depois do Santos de Pelé e do Flamengo de Zico. Agora, era o Grêmio de Renato. Não a 10, mas a 7 de iluminados como Renato e Garrincha. O que vivemos naquela noite não tem explicação. Mas, antes da vitória, houvera o jogo, e o jogo tivera aqueles elementos que delineiam nossa alma brasileira, castelhana e imortal.

Um episódio curioso: no Estádio Nacional, os dois times ocupam vestiários contíguos e, na preparação, é possível ouvir as conversas de cada lado. Para captar informações, Ithon Fritzen se posiciona melhor, faz valer o seu conhecimento de alemão e escuta as recomendações do técnico Happel: a recomendação é de que se tenha todo o cuidado com Paulo César Caju, o nome conhecido na Europa, de quando jogara na Seleção de 1970, nos franceses Olympique e AS Aix, um minúsculo clube de Provence.

É evidente que a maioria esmagadora dos gremistas assistia ao jogo em casa. Era madrugada por aqui, e a distância até o Japão, convenhamos, era demasiada até para os seguidores do Lupi, de ir a pé para o que der e vier. Uns poucos viram o jogo *in loco*, algo como 200 pessoas. Na época, para agravar a situação, o câmbio era extremamente desfavorável para nós. No áudio que vinha do Estádio Nacional, havia um zumbido intermitente. Quem viveu aquele momento não se esquece. O zumbido externo se misturava ao nervosismo e à permanente perplexidade. O Grêmio, sul-americano, enfrentava o Hamburgo, europeu. Seria a escola brasileira de futebol contra a escola alemã. Mas aí veio o detalhe: o Grêmio ia além da escola brasileira. Ganhou o jogo pelos pés habilidosos de Paulo César Caju, Osvaldo e Mário Sérgio, mas também pela força física e o virtuosismo de De León, Baidek e China. E um jovem ídolo gremista despontava como a mescla de tudo aquilo. Renato tinha a habilidade e a facilidade para o drible bem dosada com a força física e a velocidade.

De León, o capitão charrua tricolor, escolheu o lado esquerdo do campo impecável do Estádio Nacional de Tóquio. O Hamburgo deu o pontapé inicial. O nervosismo no começo do jogo aumentava com a troca rápida de passes dos alemães. No começo do jogo, Tarciso parecia pensar em todas as dificuldades por que passara antes de 1977 e daquela vertiginosa primeira metade da década de 1980. Aos poucos, porém, o nervosismo dele e dos torcedores foi sendo contido pela cadência, experiência e habilidade de Paulo César Caju e Mário Sérgio, apesar da forte marcação que recebiam. O Grêmio jogava com aquele calção branco que tanta sorte havia dado semanas antes na Copa Libertadores, e com meias azuis. A camiseta, claro, era a tradicional. Tinha de ser! A cada dominada de bola feita pela dupla Paulo César e Mário Sérgio com a cabeça erguida, o gremista pensava: puxa, é possível! E se tranquilizava, mesmo em meio àquele contexto angustiante. A autoridade técnica dos jogadores indicava que algo bom poderia estar mesmo por vir.

– Ninguém mais vai cabecear aqui atrás – decretou De León..

– Segura lá atrás que a gente resolve na frente – respondeu Renato.

A confiança aumentou. Havia heroísmo ali. Havia entrega.

Lance em que Renato Gaúcho marca para o Grêmio no Mundial de 83.

Eram 38 minutos do primeiro tempo quando esse mesmo confiante Renato, já então de ótima atuação, fez o gol do Grêmio. Os gritos nas casas e nos pontos estratégicos da cidade onde havia telões romperam o silêncio pesado daquela noite. Foi uma loucura: Renato driblou duas vezes o marcador, que ficou tonto, e chutou quase sem ângulo. Golaço! Uma cena que não sai da retina dos gremistas e de quem simplesmente aprecia o futebol.

O Grêmio tocava a bola de um lado para outro, movimentava-se, arriscava novas investidas. Mas o disciplinado Hamburgo corria muito atrás do empate. E a pressão deu resultado aos 40 minutos do segundo tempo, com Renato caído na lateral do campo, sentindo câimbras. Aparentemente, o momento era de profunda decepção. Faltavam apenas cinco minutos do sonho para o momento histórico de encher Porto Alegre de uma magia inédita. No intervalo para a prorrogação, as cenas que vinham de Tóquio eram desanimadoras. Os jogadores do Grêmio contorciam o rosto de dor. Pernas erguidas, queixavam-se de câimbra. Renato era o que mais parecia sofrer com a fadiga. E pior (ou melhor?): Espinosa já havia feito as duas substituições a que tinha direito – haviam entrado Caio no lugar de Paulo César Caju, aos 24 minutos do segundo tempo, e Bonamigo no lugar de Osvaldo, nove minutos depois. A estratégia era evidente: segurar o jogo com Bonamigo e puxar os contra-ataques com Caio. Só que viera o gol alemão aos 40 minutos, e a estratégia se fez inútil. Bem, mas agora paciência. O jogo iria recomeçar, era a decisiva prorrogação. E foi ali que o Grêmio mostrou sua alma brasileira, castelhana e imortal. Num misto de futebol-força e futebol-arte, aquele peculiar jeito gremista de jogar, o Grêmio garantiu sua maior vitória com um gol aos três minutos da prorrogação. O lépido Caio, que entrara em campo para puxar os contra-ataques quando Espinosa decidiu segurar o resultado do jeito que desse, começou a jogada. Alçou para Renato, Tarciso ainda tocou na bola. E ele, Renato, o homem da camisa 7, driblou e chutou no canto esquerdo do goleiro Stein, saindo pelo campo com a certeza da conquista.

– Ouvir pessoas dizendo que o Grêmio é campeão mundial está acima de qualquer dinheiro – diz Espinosa, o homem que não tem Baruch como prenome, mas, ainda assim, é "bendito".

Enfim, estava escrito o preto no branco. O mundo era, realmente, azul!

# 5
# Felipão e seus guerreiros

Chegamos a 1995. O ano começa quente. No dia 1.º, Fernando Henrique Cardoso tomou posse como presidente, começando seus oito anos de poder, que seriam sucedidos por Luiz Inácio Lula da Silva e Dilma Rousseff. A União Europeia (UE) aumentava, com a adesão de Áustria, Finlândia e Suécia. Em 16 de janeiro, um terremoto em Kobe (Japão) deixa mais de 6 mil mortos. Na Argentina, morria, em 18 de abril, o ex-presidente desenvolvimentista Arturo Frondizi. Em 4 de novembro, foi assassinado o primeiro-ministro israelense Yitzhak Rabin, e o processo de paz com os palestinos, lastreado em dois Estados, sofria um triste retrocesso. Em meio a tantas notícias ruins, a cantora Simone lançava seu disco com músicas natalinas. No cinema, pelo menos, algo de bom ocorria: entrava em cartaz o belo filme *Seven*, com Brad Pitt e Morgan Freeman.

É impressionante isto: o mesmo Fábio Koff que levara o Grêmio a pintar o mundo de azul voltou a conquistar a América. E novamente montando um time aos poucos, sob desconfianças. Pouquíssimos acreditavam naquele time treinado por um Luiz Felipe Scolari contestado no comando de jogadores desacreditados. Danrlei, 22 anos recentemente completados, surgira na base do Grêmio e ocupara o lugar de Emerson, uma promessa que se lesionara e perdera a vez. Arce, um lateral-direito de 24 anos que chegara do Paraguai sem muitas recomendações, tinha fama de bom apoiador do Cerro Porteño e provocou preocupações quanto a seus predicados defensivos. Catalino Rivarola, zagueirão de 28 anos, chegava do Talleres, de Córdoba (Argentina). Narizes torcidos para ele. Adilson era o zagueiro técnico que vinha pingando de clube em clube e sofrendo com seguidas lesões. Chegara do Atlético-MG. Na lateral-esquerda, um garoto de 20 anos chamado Roger que chamara a atenção na base por marcar forte e fazer bem as jogadas de flanco – mas, ora, era um garoto. Portanto, um setor defensivo com a velha receita do zagueiro que espanta ao lado do que afina. Nas laterais, dois jovens cheios de saúde que gostavam de jogar pelas pontas. Para protegê-los, fazia-se necessário um volante, cabeça de área, como você quiser chamá-lo. Um limpa-trilhos! Veio Dinho. Dinho?! Aos 28 anos, o sergipano Dinho rodara bastante. Tinha jeito de refugo. Vá lá! Junto dele, como volante de saída, Luiz Carlos Goiano, bom marcador e atleta movediço, com 26 anos e já alguma rodagem. E aí vinham os meias, o setor de criação. Tudo nos pés de Arilson, um garoto de 22 anos, e Carlos Miguel, 23. Ambos de Bento Gonçalves, ambos canhotos, ambos com alguma habilidade, ambos da base gremista. E o ataque? Preferencialmente pela direita, mas também se movimentando pelo campo todo, um sujeito de cabelo descolorido que viria a ser chamado de Diabo Loiro: o goiano Paulo Nunes, de Pontalina. Viera do Flamengo, tinha 23 anos. Detalhe: era contrapeso na contratação de outro ex-flamenguista, o curitibano Magno, por alguns chamados de "Romagno", que tinha 21 anos e ótimas recomendações – estava na reserva. Ah, e o centroavante. Jardel! Aos 21 anos, o cearense Jardel viera meio que rifado do Vasco. Sua fama era de ter boa técnica apenas para o cabeceio. Também surgia o extremamente promissor meia Emerson, um garoto. E havia reservas como o meia Vagner Mancini, que chegara aos 28 anos do Bragantino; o zagueiro Luciano, que viera da base, tinha 25 anos e, apesar de ter conquistado a Copa do Brasil no ano anterior como titular, não convencera o suficiente.

Também para a zaga, surgia Scheidt, 19 anos. O volante André Vieira, 21, formado no Grêmio; o centroavante paraense Nildo, já com 29 anos, que chegara da Caldense (MG) e surpreendera ao fazer uma Copa do Brasil excepcional, marcando o gol do título de 1994 contra o Ceará. O problema foi uma lesão séria, que o afastou dos campos de futebol e levou o Grêmio a buscar Magno para ser titular e Jardel para ver se resolvia como alternativa no banco de reservas. E tinha o pelotense Alexandre Xoxó, que até tentara a sorte antes no Internacional, mas sofrera com lesões e não conseguia passar de um falso ponta-esquerda com alguma habilidade.

Pronto!

E você me pergunta: esse time foi bicampeão da América?! Como?!

Pois bem... passados tantos anos, se é certo que muitos méritos devem ser atribuídos a Felipão, deve-se reconhecer algo que jamais foi reconhecido enquanto aquele time jogava. Era um baita time! Um dos melhores que o Grêmio já teve e, com justiça, sim, campeão da América. Só não conquistou o bicampeonato mundial, meses depois, porque Rivarola foi injustamente expulso contra o Ajax, porque os companheiros tolamente desconcertaram Jardel fazendo piadinhas completamente inconvenientes e inapropriadas. E porque, na decisão por pênaltis (sim, o jogo foi decidido em cobranças de tiros livres da marca do pênalti!), jogadores que nunca erravam... erraram, miseravelmente. Uma pena! Sorte ou falta de? Não creio. Decisão por pênaltis não é loteria, como dizem. Não é aleatória. Vale muito o aspecto emocional. E, como já foi abordado à exaustão neste livro, o emocional é um dos principais elementos do futebol. Paciência. Em outros momentos, o preparo emocional esteve ao nosso lado, sobretudo nos Aflitos. Opa, mas vamos voltar ao bicampeonato da Libertadores e àquele time que era um patinho feio do futebol. Creio que você sabe, né? O patinho feio era, na verdade, um exuberante cisne.

Pois bem. Vimos acima o grupo de 1995 pela ótica de quem enxerga ali um patinho feio, completamente sem perspectivas. Vejamos, agora, pelo que ele era: um lindo cisne.

Vamos lá: Danrlei Hinterholz (um dos maiores goleiros que já vestiram as nossas luvas tricolores, comparável aos heróis Lara e Mazaropi); Francisco Javier Arce Rolon (um lateral-direito que não comprometia na marcação, batia faltas como poucos e punha a bola onde bem entendesse, com um pé direito extremamente calibrado); Catalino Rivarola (a firmeza na zaga, com a seriedade de um Baidekão, mas mais técnico); Adilson Batista (o "Capitão América", do desarme perfeito, da firmeza pelo alto, do passe qualificado e do chute preciso, um grande zagueiro); Roger (neste momento em que escrevo, Roger Machado é o promissor técnico do Grêmio, que ficou em terceiro lugar no Campeonato Brasileiro de pontos corridos em 2015; como jogador, foi um dos mais espetaculares laterais-esquerdos gremistas, ombreando com os vultos Ortunho e Everaldo; chegou ao clube para treiná-lo e, na primeira entrevista, disse ter o "DNA tricolor"; um eterno ídolo!); Dinho, o Edi Wilson José dos Santos (volante que impunha respeito, marcava com extrema firmeza e se arriscava em longos e precisos lançamentos de três dedos); Luiz Carlos Goiano (excelente marcador, homem de grande movimentação, hábil e bom de chute); Arílson Gilberto Costa (craque! Só não foi mais longe em razão dos problemas emocionais que o levaram, certa vez, até a abandonar a concentração da seleção brasileira); Carlos Miguel da Silva Júnior (extremamente habilidoso, é daquela estirpe de meias-esquerdas conhecida pela maestria dos chutes precisos e dos passes certeiros); Arílson de Paula Nunes, o Paulo Nunes (o "Diabo Loiro", agudo, provocativo, movediço, goleador, rápido, veloz, bom drible, excelente); e Mário Jardel Almeida Ribeiro (com seu 1m86cm e uma intuição impressionante para se colocar na área, mostrou-se, também, habilidoso com os pés em muitas circunstâncias; era um centroavante nato, com todas as peculiaridades dessa posição).

Enfim, não era de um patinho feio que falávamos. Tínhamos um cisne no nosso lago!

• • •

A superação neste capítulo 5, então, não está em um jogo específico. Está no time que foi ganhando a confiança do torcedor e da crônica esportiva. Mais: mesmo depois da conquista, muita gente boa continuou dizendo que se tratava de um grupo razoável treinado por um grande treinador. Não há dúvida de que nosso eterno Felipão era e é um grande treinador. Mas temos de fazer justiça: era lindo aquele nosso patinho feio! Que timaço era aquele cisne! Um dos últimos times do Grêmio que, de tão bom que era, eu ainda recito sua formação de cor.

Mas vamos, então, aos jogos, que mostram uma trajetória impressionante:

Em 21 de fevereiro, a desconfiança parecia ser real. O patinho parecia realmente ser feio, como se desconfiava. Com uma grande atuação de Edmundo e um erro do árbitro Cláudio Cerdeira ao não marcar pênalti de Antônio Carlos em Carlos Miguel, o Palmeiras estreou na Libertadores derrotando o Grêmio por 3 a 2, em São Paulo. Roberto Carlos, Rivaldo e Edmundo marcaram para o clube paulista. Jardel e Goiano fizeram os gols do Grêmio. E a desconfiança aumentava.

O time: Danrlei; Arce, Luciano, Adilson e Roger; Dinho, Goiano, Mancini (Magno, para tentar o empate) e Carlos Miguel; Paulo Nunes e Jardel.

• • •

Em 14 de março, empate com o Emelec, bicampeão equatoriano. Ok, eram dois jogos fora de casa, e viriam as batalhas no Olímpico. Mas aquele 2 a 2, ainda que heroico, deixaram o Grêmio com só um pontinho em dois jogos. Danrlei começou, naquele jogo, a se firmar como um dos mais importantes goleiros da história do clube. Os gols do Emelec foram marcados por Fajardo e Eduardo Hurtado. Os do Grêmio foram de Paulo Nunes e Jardel, a dupla que se firmaria.

O time: Danrlei; Arce, Wagner, Luciano e Roger; Dinho, Goiano, Mancini (Alexandre, mais ofensivo pela esquerda) e Carlos Miguel; Paulo Nunes e Jardel.

• • •

Em 17 de março, apenas três dias depois, veio uma centelha de esperança. Opa, parecia que Felipão até estava montando um time em cima daqueles garotos e refugos de outros clubes – evidentemente, leitor, estou apenas reproduzindo o pensamento dominante na ocasião. Em Quito, no Equador. Arce fez os gols nos descontos do primeiro e do segundo tempo. De falta aos 46 do primeiro e de pênalti aos 51 do segundo. Vernoza fez o gol equatoriano.

O time: Danrlei; Arce, Luciano, Adilson e Roger; André Vieira, Goiano, Mancini (Alexandre) e Carlos Miguel (Wágner); Paulo Nunes e Jardel. Meio descaracterizado, o jogo mostrara que ali havia grupo.

• • •

Em 23 de março, correria! Era a vez de receber o Palmeiras, festejado como o melhor time do Brasil, sob o comando de Wanderley Luxemburgo. E, poxa, deu empate! Em casa! A desconfiança voltou, como ocorre em um eletrocardiograma. Ficou no 0 a 0 muito em razão da ótima atuação de Luciano, que anulou Edmundo, o "Animal". O Olímpico estava cheio. De qualquer forma, o Palmeiras era líder, e o Grêmio, tendo apenas um jogo disputado em casa, era o vice-líder.

O time: Danrlei; André Vieira, Luciano, Adilson e Roger; Dinho, Goiano e Arilson; Paulo Nunes (Magno), Jardel e Alexandre. Sem Arce, em um 4-3-3 para vencer. Mas não deu.

∙ ∙ ∙

Em 31 de março, ufa! Goleada sobre o Emelec no Olímpico. E, pela combinação de resultados, a garantia de uma das duas vagas para a fase seguinte. O Emelec não se intimidou. Foi para o ataque, mas se desguarneceu. O Grêmio empilhou gols, com Jardel, Luciano, Paulo Nunes e Magno. González fez o gol equatoriano. Talvez esse jogo tenha sido o que fez a torcida começar a tomar confiança, se não no time, pelo menos no seu treinador, o gremistaço Felipão.

O time: Danrlei; Arce, Luciano, Adilson e Roger; Dinho, Goiano, Arilson e Carlos Miguel; Paulo Nunes (Magno) e Jardel (André Vieira, para segurar o excelente resultado).

∙ ∙ ∙

Em 7 de abril, já classificado por antecipação, o Grêmio jogou tranquilo contra o Nacional, do Equador, e ganhou ao natural, por 2 a 0. O domínio foi total. O jogo foi modorrento. Jacques e Magno, aos 26 e aos 38 minutos do segundo tempo, fizeram os gols tricolores. Para facilitar ainda mais a vida do time gaúcho já classificado para a segunda fase, os equatorianos tiveram dois jogadores expulsos, De la Cruz e Constante – no jogo, ele pareceu inconstante (hehe! Perdão!)

O time: Danrlei; Arce, Luciano, Scheidt e Roger (Jé); Dinho, Goiano e Arilson; Paulo Nunes, Magno e Alexandre (Jacques).

∙ ∙ ∙

Em 25 de abril, a segunda fase começava, e o Grêmio imprimia um ritmo forte fora de casa. Jogou muito contra o Olimpia, em Assunção. E goleou por 3 a 0. A torcida ensaiou um sonho. Seria possível? Com aquela costura de time? Será que a torcida não havia lido *O Patinho Feio* na infância? Em pleno Defensores del Chaco, Dinho de sem-pulo (golaço!) ao pegar um rebote, Jardel e Paulo Nunes definiram a vitória catártica. E o time começava a desenhar sua glória.

O time: Danrlei; Arce, Luciano, Adilson e Roger; Dinho, Goiano, Arilson e Carlos Miguel; Paulo Nunes (Magno) e Jardel (Mancini).

••• 

Em 3 de maio, buenas, o mesmo Olimpia teve de jogar aqui em Porto Alegre. O jogo de volta pelas oitavas de final era de um favoritismo imenso para o Grêmio, que goleara fora. O time não se embeveceu por esse sentimento de triunfo antecipado e fez 2 a 0, com gols de Jardel e Adilson. Paulo Nunes, apesar de não fazer o seu gol, brilhou em campo. Era a passagem para as quartas de final, já com a torcida conquistada. Contra quem? Contra o Palmeiras.

O time: Danrlei; Arce, Luciano, Adilson e Roger; Dinho, Goiano, Arilson (Rivarola, que chegava para qualificar a equipe) e Carlos Miguel; Paulo Nunes e Jardel.

••• 

Em 26 de julho, finalmente, travou-se o temido duelo com o poderoso Palmeiras. E o Grêmio teve uma das jornadas mais impressionantes da sua história. Aplicou incríveis 5 a 0! Aos 14 minutos, Rivaldo foi expulso. Aos 25, Dinho e Válber saíram no soco e também foram para a rua. O jogo era uma batalha de gigantes. Jardel fez três gols. Os outros foram de Arce e Arilson. O perigo desse jogo foi o de pensar que tudo estava garantido, para seis dias depois. E, claro, não estava!

O time: Danrlei; Arce (Scheidt), Rivarola, Adilson e Roger; Dinho, Goiano, Arilson e Carlos Miguel; Paulo Nunes e Jardel (Nildo).

••• 

Em 2 de agosto, o jogo da volta. O Palmeiras estava com gana, enlouquecido; iria para frente tentar o impossível. O Grêmio ainda fez 1 a 0, com gol de Jardel. Os jogadores, naquele momento, pareciam ter esquecido a essência do clube, a tal alma de que tratamos aqui. O Palmeiras se revestiu dela. O Grêmio procurou administrar o que lhe parecia natural. Pois os palmeirenses empataram, fizeram 2, 3, 4, 5... e terminou o jogo! Ficou a lição e a classificação.

O time: Murilo; Arce, Rivarola, Scheidt e Roger; Adilson, Goiano, Arilson (André Vieira) e Carlos Miguel; Paulo Nunes (Mancini) e Jardel (Nildo).

• • •

Em 10 de agosto, nas semifinais, novamente o Emelec estava no caminho do Grêmio. Era noite, mas fazia 32ºC em Guaiaquil. O calor não tirou o ímpeto do time, que já ganhava uma confiança impressionante em si mesmo. O jogo terminou empatado em 0 a 0, e a passagem para as tão sonhadas finais da Libertadores, para assegurar o bicampeonato, seria decidida no Olímpico, seis dias depois. Bastava uma vitória em casa, e a torcida iria em peso apoiar o time de Felipão.

O time: Danrlei; Arce, Rivarola, Adilson e Roger; Dinho, Goiano, Mancini (Alexandre) e Arilson (Luciano, para segurar o bom empate); Paulo Nunes e Jardel.

• • •

Em 16 de agosto, o Grêmio fez o que se esperava. Derrotou o Emelec por 2 a 0. Parece que alguma lição foi aprendida no duelo épico com o Palmeiras. Paulo Nunes fez o primeiro gol, em jogada na qual mostrou extremo entrosamento com Jardel e mostrou o quanto aquele time estava azeitado. O segundo gol foi de Jardel. Descortinava-se a chance de subir de novo ao topo da América.

O time: Danrlei; Arce, Rivarola, Adilson e Roger (Mancini); Dinho (Luciano), Goiano, Arilson e Carlos Miguel (Alexandre); Paulo Nunes e Jardel.

∙ ∙ ∙

Em 23 de agosto, o primeiro jogo das finais. O Grêmio foi inteligente. Tratou de garantir o título em casa, contra o Nacional, da Colômbia. Em outras palavras, jogar com alguma tranquilidade na volta em Medellín. A pressão tricolor era forte. Mas o gol só saiu aos 36 minutos de jogo. E foi contra, do zagueiro Marulanda! Seis minutos depois, Jardel se aproveitou de falha do goleiro Higuita e ampliou. Paulo Nunes fez o terceiro. Mas Angel pôs um gostinho amargo: 3 a 1.

O time: Danrlei; Arce, Rivarola, Adilson e Roger; Dinho, Goiano, Arilson (Alexandre) e Carlos Miguel (Nildo, para fazer o maior número possível de gols); Paulo Nunes e Jardel.

∙ ∙ ∙

Em 30 de agosto, o segundo jogo das finais, em Medellín, com 55 mil pessoas no estádio adversário. Não era fácil! Aquele gol de Angel preocupava. Havia o saldo qualificado. Gol fora valia ouro. E o Nacional fez 1 a 0. O Grêmio não acertava passes, Jardel estava isolado. Nitidamente, a equipe estava desconfortável e nervosa por ter de segurar o resultado e não poder, de jeito algum, levar o segundo gol. Alexandre sofreu pênalti. Dinho pegou a bola e disse:

– Esta é comigo!

Faltavam quatro minutos para terminar o jogo, sem contar o tempo de acréscimo que seria determinado pelo juiz. O estádio estava mudo, como estivera o Olímpico naquele pênalti chutado por Tarciso em 1977. Tensão. Dinho e o folclórico Higuita se olhavam fixamente. Dinho começou a correr. Higuita se mexia. Chutou a bola em um lado da goleira, Higuita foi para o outro, perdendo a guerra psicológica. E o Grêmio, do seu jeito épico, ganhava o bicampeonato da Libertadores.

∙ ∙ ∙

Agora, com o bicampeonato, vai a letra da música composta em 1983 por Carlos Ludwig, Pedro Guisso e Ricardo Garay, com interpretação de José Galia. É o "Hino da Libertadores":
"Vamos com raça, vamos com força / Nós somos campeões da América / O nosso título já tá na mão / O nosso time tem garra, irmão / E a Libertadores é nossa / Vamos em frente / Numa corrente / Nós somos campeões da América / Oitenta anos de emoção / Com tudo azul no nosso coração / Que a Libertadores é nossa / Grêmio, Grêmio? Nós somos campeões da América".

• • •

Pergunte para Dinho, que assumiu a responsabilidade de bater o pênalti final, e Roger, que jogou todas as partidas. O que eles pensam daquela campanha e daquele título? A resposta é a mesma:
– Inesquecível!

• • •

Naquela época, este autor havia saído de *Zero Hora* para trabalhar dois anos na *Revista Placar* e 11 anos no jornal *Folha de S. Paulo* – 13 anos depois, retornando a *Zero Hora*, onde está quando escreve as presentes linhas. Acompanhou de muito perto, com o critério do profissional e a paixão do torcedor – essa conquista e outras que vieram na ocasião. Os colegas paulistas, com nítido despeito, diziam, para me provocar, que o Grêmio não era um clube brasileiro, mas argentino. Eu respondia, rindo e com orgulho, quase batendo no já curtido peito tricolor: somos os dois, brasileiro e argentino, estamos além das fronteiras! Depois, pela *Folha de S. Paulo*, entre 1997 e 1998, veio a oportunidade de viver em Buenos Aires, onde trabalhei como correspondente do jornal. A função de correspondente é a de mergulhar no cotidiano e na cultura do país onde se está. Pois bem: constatei lá que, sim, meu time tem muito do estilo argentino, o que jamais lhe tirará a característica brasileira. Em uma comparação simples, o Flamengo tem aquele jogo cadenciado, lindo, tipicamente brasileiro. Parece que todo jogador, ao vestir a camiseta rubro-negra do Flamengo, passa a dar toques macios e fazer gols de efeito. No Grêmio, sem abrir mão da técnica de um Valdo, temos a gana de um Dinho, algo não menos lindo. Ancheta, Oberdan, Iúra, Tadeu Ricci, André, Tarciso, De León, Edinho, Osvaldo, Tita, Goiano, Tcheco, Barcos, Cuca, o próprio Valdo, o próprio Dinho, Emerson, Arilson, Carlos Miguel, Roger, Adilson, Renato, Mauro Galvão, o Geromel, o Giuliano, o Maicon e o Luan do time de hoje e tantos outros, vários ídolos eternos, aliam a técnica à garra, mesclam os dois. E assim é o nosso Tricolor. A impressão é de que, assim como ocorre no antípoda carioca, todo jogador que veste o manto azul, preto e branco torna-se um guerreiro, o que não implica violência, mas sim muitíssima emoção.

# 6
# *Bicampeão brasileiro, contra tudo e contra todos*

O capítulo anterior se encerrou com uma observação intimista do autor. Este entra no ano seguinte, o de 1996, e começa no mesmo tom. Jamais sairá da minha retina aquele gol do Ailton. E, pelo jeito, também não sairá da minha perna esquerda! Opa! Como assim?

Bem... eu estava no Olímpico com meu pai e minha mulher. Eu e a Dione tínhamos nos casado havia dois anos, depois de dois anos namorando. Ou seja, em quatro anos a Dione sabia com quem lidava. Mas aquele gol aos 38 minutos do segundo tempo, quando tudo parecia perdido, o Brasil inteiro expondo o ressentimento com um Grêmio arrasador naquela década, e todos os brasileiros, com a exceção dos gremistas, adotando a Portuguesa como "namoradinha" do país, e *nosotros*, os gremistas, tendo de reverter o resultado de 2 a 0 para o adversário em São Paulo no primeiro jogo das finais, aquilo era demais. E veio o gol do Ailton! E eu estava do outro lado do estádio, nas cadeiras. Só vi o Ailton pegar o rebote e chutar de esquerda, a perna que nem era de sua preferência. O que houve depois? Correria dos jogadores. Uma explosão de alegria, a multidão de gremistas pulando. Supus que a bola havia entrado no gol do rival. Claro, pulei também. Pulei sem me preocupar. Pulei me jogando no ar, solto no ar, sem freios. Pulei muito! Enlouqueci! Gritei "gol" até não poder mais; até tentava achar meu pai e minha mulher no meio do turbilhão, e, num dos voos que dei, não achei também o chão. Caí em cima das cadeiras azuis de ferro. Minha perna teve um pequeno afundamento. Não liguei. Depois, rindo, olhei e vi aquela ondulação, aquela marca na minha perna esquerda. Ainda alguém me disse "ih, isso depois passa". Acreditei, claro. Nem pensei muito no assunto. Faz quase 20 anos! A marca ainda está na minha canela. Que bom! Assim, jamais vou esquecer tamanha alegria ao lado do meu pai e da minha mulher, no palco em que vivi grande parte das minhas emoções. É uma das marcas que trago de uma vida intensa.

Mas agora falemos daquele 1996 e depois relatemos como foram aquelas finais incríveis.

Era o Ano Internacional para a Erradicação da Pobreza, decretado pela Organização das Nações Unidas (ONU). Como podemos constatar uma década depois, não adiantou muito pôr esse destaque no calendário. A pobreza não arrefeceu, salvo algumas conquistas sociais aqui e ali. Mas, no geral, o mundo se tornou ainda mais miserável e violento. Na verdade, o ano começou com uma nota curiosa: a cidade de Varginha, no Brasil, teria sido visitada por seres extraterrestres. Bem que eles poderiam ter ajudado a erradicar a pobreza. Ocorreram aquelas notas de pesar que são inevitáveis, entra ano sai ano. Morreu gente como o ator italiano Marcello Mastroianni e o cientista americano Carl Sagan, astrônomo, astrofísico, cosmólogo e escritor. Perdas...

Na música, uma banda legal surgiu com força na cena *pop*: a Coldplay.

E, claro, houve aquelas finais emocionantes de um campeonato que em breve passaria a ser disputado na fórmula de pontos corridos. Recém-vindo de um título da Libertadores e com um vice-campeonato mundial resultante da cobrança de tiros diretos (pênaltis), o Grêmio até era um dos favoritos na competição, situação muito diferente da de 1981 (primeiro título), ano em que a equipe surpreendeu o país. Por outro lado, ninguém aguentava mais aquele Grêmio desafiador e ousado. Eram todos contra nós! Outros times despontavam naquele torneio, como aquele Palmeiras forte, sustentado pela Parmalat, e o Cruzeiro, que viria a ser campeão da Libertadores no ano seguinte. E o transcorrer do campeonato não foi dos mais auspiciosos. O início, em 18 de agosto, foi cumpridor de tabela: vitória de 3 a 1 sobre o Criciúma no Olímpico. Só que as atuações do time foram irregulares. Parecia que Felipão e seus guerreiros haviam se acostumado a buscar resultados em situações adversas. O rame-rame do campeonato passava longe disso, e a campanha foi não mais que média, com o sexto lugar entre oito classificados para as quartas de final. Esperava-se mais que as 11 vitórias, cinco empates e sete derrotas. Buenas. Por que volto tão longe no campeonato? Porque ficou claro o crescimento daquele baita time quando o campeonato começou a ficar mais decisivo. Nas quartas de final, veio aquele Palmeiras ainda raivoso por causa dos 5 a 0 no ano anterior. O Grêmio venceu o primeiro por 3 a 1 no Olímpico e, sem Paulo Nunes, que fora expulso nesse jogo, levou 1 a 0 no segundo, em São Paulo. O time crescia. Veio o Goiás. Vitória de 3 a 1 em Goiânia e empate cumpridor de 2 a 2 em Porto Alegre – o time, mais uma vez, mostrou que urrava quando desafiado e exigido.

● ● ●

Como o Grêmio terminara a primeira fase em sexto e o adversário, a Portuguesa, em oitavo, a vantagem do mando de campo no jogo de volta era gremista. Mais: vitória e derrota com o mesmo escore dariam o título a quem tinha a vantagem. Se o Grêmio surpreendera nas fases decisivas ao ficar com um magérrimo sexto lugar, muito mais surpreendera a "Lusa". Ficara em oitavo, a última vaga! E derrotara, nas fases decisivas, os mineiros Cruzeiro e

Atlético. O Brasil todo se pôs a torcer pela equipe paulista, ainda mais que o adversário era aquele Grêmio, que para muitos praticava um jogo feio – digo "para muitos" porque já falei aqui do nosso peculiar futebol-arte, movido à emoção e lá com seus encantos.

Vieram os jogos. Em 11 de dezembro, a Portuguesa venceu, no Morumbi. A imprensa do centro do país vibrava com a "namoradinha" já dada como campeã. O goleiro Clemer, que depois viria a brilhar no nosso rival colorado, segurou tudo atrás. Teve atuação destacadíssima! E, na frente, o habilidoso Rodrigo Fabri – que depois viria para o Grêmio – e o veloz Alex Alves garantiram a vantagem que alguns viam como decisiva. O primeiro gol ocorreu a partir de uma escapada de Alex, que foi derrubado pelo lateral gremista Marco Antônio. Alexandre Gallo bateu a falta e fez o gol. Marco Antônio foi expulso. Um a menos! Uma tragédia se desenhava e pareceu consolidada quando Caio fez jogada individual pela direita e cruzou rasteiro para Rodrigo Fabri, que completou de primeira e ampliou a vantagem. Céus! Seria o fim? O Grêmio tentava fazer o seu gol, mas Clemer estava lá segurando todas as investidas tricolores. Terminou o jogo assim: 2 a 0, a caracterização de "namoradinha do Brasil" da Lusa e o Grêmio como o time argentino que entrara como intruso em um campeonato nacional que estaria virtualmente decidido.

• • •

Mas havia quatro dias de recomposição física e emocional. O Grêmio voltou para Porto Alegre tratando as feridas e projetando uma batalha no Olímpico lotado, em 15 de dezembro. Naqueles dias, este autor, que trabalhava para a *Revista Placar*, encontrou Felipão e, conversa vai, conversa vem, comentou com o treinador multicampeão: a disputa pela Bola de Ouro, a valorizadíssima premiação da revista, estava sendo disputada entre um favorito Rodrigo Fabri e um improvável Paulo Nunes. A pontuação de Rodrigo Fabri era bem superior, mas o "Diabo Loiro" ainda tinha alguma chance. Felipão não sabia daquela disputa, para surpresa deste autor. E comentou:

– Não me conta! Isso vai ser muito útil no vestiário.

No dia do jogo, com o Olímpico lotado, o Grêmio entrou em campo determinado a empilhar dois gols ou mais e não deixar a Lusa chegar perto da sua área. E não é que o primeiro gol foi de Paulo Nunes, logo aos três minutos de jogo? Aquele chute no canto esquerdo de Clemer ocorreu bem à minha frente no estádio. Foi inevitável eu me lembrar da conversa que tivera com Felipão. Paulo Nunes estava mais aceso do que nunca. Aquela cabeleira loira artificial sacudia por todo o campo; ele estava efetivamente endiabrado.

O segundo gol parecia questão de tempo. Em tese, seriam mais 87 minutos para isso ocorrer – sem levar em conta os descontos de praxe. Na prática, o Grêmio tinha um jogo inteiro pela frente para garantir o título com um gol feito e nenhum gol contra si. Mas a Lusa, extremamente bem armada pelo técnico Candinho, era perigosa. Ao mesmo tempo em que atacava, o time de Felipão cuidava lá atrás para não ser mortalmente surpreendido. O jogo ia chegando ao fim daquele jeito modorrento, do jeito que Candinho queria. Uma angústia tomava conta dos jogadores e da torcida gremista naquele Olímpico que já se imaginava afogado em uma imensa frustração. A imprensa do centro do país já festejava, de forma discreta, o título da "namoradinha". Foi então que veio aquele lance jamais esquecido pela minha mente e pela minha canela esquerda. Curiosamente, Dinho pedira para sair de campo e dissera a Felipão para pôr Ailton no seu lugar, porque a vitória poderia vir dali. Felipão acatou a dica. Ambos, Felipão e Dinho, estavam lado a lado na casamata tricolor quando, faltando apenas sete minutos para o fim do jogo, Carlos Miguel tentou um lançamento do meio de campo, já no desespero por achar um gol naquele jogo truncado. A bola viajou até a área adversária e encontrou o centroavantão Zé Afonso, jogador tosco que entrara para ser a referência na área – os atacantes eram Paulo Nunes e Zé Alcino, ambos jogadores movediços, que não jogavam fincados na área adversária – formavam a dupla composta pelo treinador para compensar a falta de Jardel, já àquela altura jogando na Europa. Pois bem: Afonsão escorou para Ailton, um destro, e este, sem deixar que a bola quicasse no solo sagrado do Olímpico, emendou um turbinaço que venceu Clemer. Delírio? É pouco dizer isso. Como relatei antes, ninguém entendia o que estava acontecendo naquele momento. No campo, Ailton saiu correndo sem nem mesmo ele entender, depois de ter chegado ao Olímpico meses antes e ter conversado com Felipão, que pedira um mês para ambos se conhecerem e para Felipão lhe provar que a fama de turrão se limitava à imprensa. Talvez, naqueles segundos de irracionalidade, Ailton pensasse naquele diálogo e também na desconfiança que os torcedores manifestavam jogo a jogo em relação ao seu futebol. Os 10 companheiros o perseguiam enlouquecidos. Ele gritava "sou foda" e batia no próprio peito. Os torcedores berravam até ficar roucos. E o jogo foi para o fim...

Roger se emociona ao lembrar aquele jogo. Pensa nele e no Gre-Nal decisivo de 1995, pelo Gauchão, em que o Grêmio, com time reserva salpicado de alguns poucos titulares, venceu e levou o título. O "Banguzinho" (o time de reservas que atuava para poupar os titulares focados na conquista do bi da América) e Roger fizeram questão de jogar. O mesmo Roger que disputara todos os jogos da campanha pela Libertadores em 1995 jogara a decisão do Gauchão como reforço voluntário ao time reserva que derrotou o principal adversário. E estava naquele time de 1996, na vitória incrível sobre a Portuguesa. Não é de admirar o vínculo forte que esse jogador criou com o clube. No momento em que escrevo este livro, ele é o técnico gremista.

– Aquele jogo de 1996 me marcou muito. Aquele 2 a 0 foi impressionante. Comparo-o só àquele Gre-Nal em que, mesmo com o time reserva, conseguimos o título gaúcho e eu estava em campo, como reforço no momento decisivo. Não sei por quê, mas aquele Gre-Nal também me marcou.

(Nota do autor: foi em 1995, e muita gente, como Roger, lembra-se dessa conquista de forma especialmente carinhosa. Ela entra na extensa lista de superações tricolores. Aquele 2 a 1 dos reservas gremistas sobre o Internacional, com gols marcados por Nildo e Carlos Miguel, ocorreu em seguida à vitória dos titulares sobre o equatoriano Emelec, em Quito, na campanha pelo bicampeonato da Libertadores – o jogo contra o Emelec ocorrera apenas três dias antes, a 6,2 mil quilômetros (seis mil e duzentos quilômetros!!!) de distância em relação a Porto Alegre e 2,8 mil metros acima do nível do mar, o que implica altitude e cansaço extremos. Não havia refresco! Três dias após o Gre-Nal, viria o jogo de volta contra o Emelec, no Olímpico. Semanas depois, seria a vez da decisão do título continental, e é claro que o foco estava dirigido para esse jogo. Fazia poucas horas que o grupo de jogadores gremistas havia retornado da estafante viagem ao Equador. O calendário era cruel. Em dezembro do ano anterior, ocorrera o cúmulo de o Grêmio disputar três jogos oficiais num mesmo dia, jornada abafada e escaldante de verão na capital gaúcha, que nessa época ferve, por ser uma depressão pouco arejada entre vales e montanhas.)

No lançamento de *Somos azuis, pretos e brancos*, a editora L&PM e o Grêmio organizaram uma sessão de autógrafos na Arena. Roger, que é negro e por coincidência treinava o Grêmio já naquele 29 de outubro de 2015, autografou comigo. Ficamos três horas conversando e, naquele instante de grande empatia, construímos uma amizade. Um judeu e um negro emocionados.

– Sabe, Léo, quando eu saí do Grêmio para jogar no Japão, comprei uma cadeira no Olímpico. Minha irmã me perguntou por que eu estava fazendo aquilo, se iria para o outro lado do mundo. E eu respondi: porque preciso manter algum laço com o meu clube do coração – disse Roger, emocionado ao autografar comigo o livro que conta a linda história plural do nosso Tricolor.

Aquele jogo de 1996 foi um dos momentos mais emocionantes vividos por Roger no Grêmio, rivalizando apenas com aquela vitória de reservas em Gre-Nal decisivo.

• • •

Contra a Portuguesa, o Grêmio jogou com Danrlei; Arce, Rivarola (Luciano), Mauro Galvão e Roger; Dinho (Ailton), Goiano, Emerson (Zé Afonso) e Carlos Miguel; Paulo Nunes e Zé Alcino.

De novidade, nesse time, tínhamos os espetaculares Emerson e Mauro Galvão.

Emerson era um misto de meia e volante, chegado de Pelotas, formado na base gremista e identificado com o Grêmio até a medula. Mais adiante, seria capitão da Seleção Brasileira, jogador de marcação intensa, armação refinada, bom chute. Completo! Um craque formado no Olímpico. Dentro de campo, era um líder positivo, com imagem de boa gente. Os demais jogadores olhavam para ele e tinham a certeza: algo de bom ocorreria, tal a segurança que passava. Não precisava nem falar; era o jeito de se comportar. Jogava com força e técnica apurada, tudo muito cadenciado. Foi um dos maiores jogadores que já vestiram o manto sagrado tricolor, assim como outros daquele time. Até hoje, ele e Roger se têm como irmãos.

Mauro Galvão, puxa, o craque Mauro Galvão fora dispensado da base do Grêmio por ser magro e baixo para os padrões de um zagueiro – tinha quase 1m80cm. Acabara no Internacional, onde, titular aos 17 anos, seria campeão brasileiro invicto em 1979. Exatamente 17 anos depois, em 1996, realizava então o sonho de enfim jogar no Tricolor. E este autor assegura: foi o melhor zagueiro que viu amarrar uma chuteira. Baixa estatura? Ora, o senso de colocação impressionante fazia com que estivesse sempre no lugar certo. Parecia três, de tão bem que ocupava espaços. No desarme, perfeito. Na saída de jogo, impecável. Tinha categoria e habilidade fora do comum até para dar carrinho sem sequer tocar no adversário.

Esses dois jogadores acrescentaram bastante ao time campeão da Libertadores no ano anterior. E faço todas essas reverências aos dois sem desmerecer Adilson e Arilson, dois jogadores espetaculares, da mesma posição que Mauro Galvão e Emerson e com características próprias, que também, evidentemente, entram para o panteão dos heróis tricolores nesta história de glórias impressionantes e superações incríveis.

# 7
# A Batalha dos Aflitos, o épico dos épicos!

**Q**uando se fala na impressionante Batalha dos Aflitos, gosto de me lembrar do jogo em si com toda a sua dramaticidade inigualável. Mas também sinto uma curiosidade intensa para saber o que cada gremista estava fazendo naquele momento. Ou melhor, o que todos estavam fazendo, eu sei: estavam, de alguma forma, atentos a tudo o que se passava em Recife. Mas as formas de acompanhar o que ocorria naquele purgatório são as mais variadas. E o interessante é que ninguém esquece aquele dia em que quase nos afundamos no inferno.

Em casa, estávamos nervosos demais naquele 26 de novembro de 2005 que decidiria o futuro do querido clube de nossos corações. Era sábado. À noite, iríamos a um casamento. Meu filho Pedro tinha só três aninhos. Via o pai e a mãe naquele estado lamentável de aflição profunda. Sabíamos: o Grêmio havia caído para a Série B no ano anterior e lá não poderia ficar, sob pena de se comprometer como instituição. Era gravíssima a situação. Na empolgante campanha que fizera em meio aos jogos disputadíssimos da série B, o bravo time treinado por Mano Menezes estava merecendo pelo menos o empate. Tivera humildade e gana durante todo o torneio, ou pelo menos na sua parte mais decisiva, jogando contra clubes de estrutura bem inferior, mas muito aguerridos. O jogo contra o Náutico começou, e, nitidamente, havia nervosismo também entre os jogadores, em campo. Bastaria um empate para o Grêmio voltar à série A, o lugar de onde jamais deveria ter saído. Em caso de vitória, também voltaria à série A, claro, e ainda ficaria com o honroso título nacional da série B. Se fosse possível fazer um acordo antes daquele jogo, por um empate sem maiores sofrimentos, é evidente que aceitaríamos no mesmo instante. A conquista do título seria perfumaria àquela altura. O principal era retornar ao lugar do Tricolor, a elite mais nobre do futebol brasileiro. Não adiantava o consolo de que vários outros grandes clubes grandes haviam passado pela mesma provação de fé e fibra. Poucos superam tanta adversidade! Logo aos 32 minutos do jogo, o Náutico teve um pênalti a seu favor. Jogadores do Grêmio protestavam veementemente. O juiz estava imperturbável. Não iria voltar atrás, claro, nem dar margem a discussões. Para encerrar o assunto, distribuiu cartões amarelos aos dois zagueiros gremistas, Domingos e Pereira. Isso fragiliza qualquer setor defensivo, enerva um time, que se sente desprotegido. Jogadores do Grêmio cochichavam para o adversário Bruno Carvalho que ele podia ficar "tranquilo", iria errar, todo o Brasil estava vendo, e, sim, ele iria errar e já podia ir se conformando. Bruno chutou na trave esquerda, para nossa vibração contida. Mas o Náutico não se abateu. O pênalti desperdiçado pareceu avivar ainda mais o time pernambucano. A torcida gritava, tocava um frevo permanente, que passava confiança. Galatto teve de fazer outras defesas difíceis naquele primeiro tempo angustiante que não chegava ao fim. Era um filme de terror. Mas, ufa! Terminou o primeiro tempo em Recife, e, em casa, decidimos sair. Ir ao supermercado para escapar de tamanho sofrimento e ainda fazer algumas compras necessárias. Não, não dava para ver aquele martírio. No supermercado praticamente vazio e totalmente silencioso, eu cuidava a reação das poucas pessoas presentes e aguçava o ouvido para saber das notícias vindas de Pernambuco. Confesso: fui covarde! Fui fraco em um momento de tamanha provação emocional! Não aguentei ver a continuação daquele jogo, não suportei tamanha pressão.

Quando me aproximei do caixa, com os olhos no relógio, contando os minutos para os jogadores segurarem o resultado e para o martírio passar de vez, já sabendo que a partida deveria estar chegando ao fim, ouvi de um dos atendentes, evidentemente colorado, "xiii, pênalti contra eles, e um monte de jogador tá sendo expulso. Hahaha!" Fiquei tonto! Ainda cogitei a possibilidade de aquilo ser uma piada de profundo mau gosto. Paguei o que devia. Não olhei na cara do sujeito folgado, que debochava de dois ou três colegas cabisbaixos. E cheguei ao meu carro, atordoado. Liguei o rádio para saber o que ocorria. Pedro Ernesto Denardin narrava para a Rádio Gaúcha. Confirmava para os meus ouvidos: uma tragédia acontecia no final daquele jogo. O Grêmio tinha um pênalti mal marcado contra si, e jogadores gremistas eram expulsos aos magotes. Pedrão definia como "desoladora" e "lamentável" a situação toda, a reação passional dos jogadores e a permanência do Grêmio, já dada como certa àquela altura, na segunda divisão do futebol brasileiro. Havia ali em campo questões técnicas, éticas e administrativas. Tudo no fio da navalha.

Desliguei o rádio. Dirigi algumas dezenas de metros entre o supermercado, no Bairro Higienópolis, e a minha casa, no vizinho Boa Vista. Eu estava um caco; ouviam-se quaisquer ruídos, tal era o denso silêncio. Já sem condições de qualquer reação, liguei a TV do meu quarto, só por ligar. O jogador do Náutico se preparava para bater o pênalti. Bateu e Galatto defendeu! Comecei a pular e urrar desordenadamente. Era eu e minha mulher pulando e gritando sem parar, e meu filhinho não entendendo aquilo. Mas haveria ainda alguns minutos para segurar o resultado com quatro jogadores a menos. Será que resistiríamos? Desliguei a TV. A Dione foi para o quarto ao lado rezar; era tudo o que poderíamos fazer. O Pedrinho, aquele loirinho de cabelos compridos e rosto de anjo, tinha a expressão assustada. Eu não desgrudava os olhos do relógio, via o ponteiro dos segundos passarem lentamente, quase o jogava longe. De repente, começou o mesmo barulho da vibração de torcedores vindo do prédio ao lado, o barulho que ouvíramos fazia pouco quando ocorrera a improvável defesa do Galatto. Estranhei, ora. Aqueles caras seriam gremistas, vibravam na defesa do Galatto! O que teria ocorrido, Deus?! O jogo ainda não podia ter terminado, havia muitos acréscimos a serem dados. Seriam mais 24 minutos, no total. Liguei a TV e vi Anderson correndo com a mão no peito, vibrando enlouquecidamente, com dirigentes e jogadores pulando desordenadamente pelo gramado dos Aflitos. Deus é pai! Só vi o gol mais tarde, covarde que sou!

Assim como eu, qualquer gremista conta aquele momento em detalhes, com memória assombrosa. Um horror seguido do êxtase! Do inferno ao céu em pouco mais que um minuto, se considerarmos o pênalti. Na verdade, três horas de palpitações.

Aquilo foi inesquecível. Virou livro do meu amigo Luiz Zini Pires, *71 segundos – O jogo de uma vida (A tarde em que o Grêmio jogou, ganhou e foi campeão com sete jogadores)*, da L&PM, 118 páginas. Claro, era todo um enredo pronto, dramático, com picos de extrema desolação e estonteante alegria. Virou filme também! Mais de um filme! Não tinha como ser diferente. Era só colar imagens e fazer um relato fidedigno. Sucesso garantido! Era de cinema, literalmente em todos os sentidos, o que ocorria naquela tarde. À noite, fui ao casamento. Vesti uma gravata com listras diagonais azuis, pretas e brancas. Na festa, encontrei sorridentes ex-colegas de escola que, nos anos 1970, haviam formado comigo a torcida (quase) organizada gremista "Pardais da Fiel" – éramos todos do Colégio Israelita Brasileiro, e "pardal", aquele passarinho que anda por todos os lugares, é uma forma de chamar os judeus, um povo com suas características nômades em razão das perseguições históricas de que foi vítima. Mas para que pensar em tristezas, ora? Um dos meus ex-colegas de colégio foi ainda mais ousado do que eu:

tinha o manto sagrado tricolor por baixo da camisa engravatada. Chegou um momento no festerê em que ele não se aguentou. Arrancou a camisa branca e ficou de camiseta. Aquela festa foi uma das melhores da minha vida.

Sobre o pênalti e aquele gol que não vi nem ouvi em tempo real, depois escutei inúmeras vezes o mesmo Pedro Ernesto, que lamentara a atitude gremista, dizer:

– Deeefeeendeeeu Galaaaaatto!!! Galaaaaaaatto!!! Galaaaaaaatto!!! Galaaaaaaatto!!!

Exatamente assim. Não ouvi na hora, mas ouvi depois repetidas vezes e jamais esquecerei a emocionante narração do amigo Pedro, que gritava "inacreditável!", "inacreditável", a palavra que se associou diretamente à epopeia dos Aflitos, a palavra que mais a sintetiza, além de "milagre".

Bem. Feita a necessária reminiscência emocionante a respeito daquele sábado mágico, vamos ao jogo em detalhes e suas incríveis circunstâncias. Peço perdão: inevitavelmente, algumas informações terão de ser repetidas em relação ao que já foi dito antes. Mas só assim você poderá entender bem o porquê do relato inicial intimista, que dá ideia da emoção vivida naquele instante.

O Grêmio foi contra toda a lógica naqueles 71 eternos segundos entre a cobrança do pênalti contra si e o gol a seu favor, naquele que era o Ano Internacional da Física, do Microcrédito e do Esporte e Educação Física. Também era o Ano Ibero-Americano da Leitura. Pois então! Em 29 de agosto, o furacão Katrina destruíra os diques de proteção e afundara a cidade de Nova Orleans, a terra do *blues*, nos EUA, causando mortes e destruição também nos Estados da Flórida, Mississippi e Louisiana. No Brasil, um assalto ao Banco Central, em Fortaleza, foi classificado como o maior da história do país. Os bandidos levaram R$ 165 milhões. Alguma justiça, porém, era feita. Exemplo: o ex-membro da organização racista Ku Klux Klan (KKK) Edgar Ray Killen foi condenado a 60 anos de prisão pelo assassinato de três homens em 1964, caso que inspirou o filme *Mississipi em Chamas*. Na verdade, acho seis décadas pouco para um diabo desses, mas pelo menos ele foi punido. E, realizado no Brasil, o referendo sobre a proibição da comercialização de armas de fogo e munições teve um resultado acachapante: o "não" venceu com 63,94% e o "sim" ficou com 36,06% dos votos.

No Estádio dos Aflitos, em Recife, uma polícia armada contra o clube gaúcho, uma torcida pronta para a guerra e um vestiário minúsculo pintado com tinta fresca tóxica, bem fechadinho para fazer o desejado e maléfico efeito, eram alguns dos elementos do cenário que indicava o que viria pela frente. Grêmio e Náutico participavam de um quadrangular final que ainda tinha na disputa o Santa Cruz, também de Recife, e a Portuguesa – aquela mesma de 1996. Os dois primeiros colocados subiriam para a série A. Na última rodada, bastava ao Grêmio um empate para garantir o acesso. Com a vitória, ainda teria o título de campeão da série B. O técnico Mano Menezes mandou a campo Galatto; Patrício, Domingos, Pereira e Escalona; Nunes, Sandro Goiano, Marcelo Costa e Marcel; Ricardinho e Lipatin. Era um sábado quente aquele que pode ser contado como se fosse lenda – na verdade, foram reunidas todas as possibilidades mais extremas de adversidade que um clube pode ter contra si, e todas elas foram superadas com a fibra moral que só o imortal eternizado por Lupi pode ter. Naquele calorão, com o time desmanchado por quatro cartões vermelhos tirados do calção do juiz Djalma Beltrami, todos os gremistas fomos do desespero à euforia em 71 eternos segundos. Os pernambucanos erraram dois pênaltis! Você sabe o que é isso? O último deles, marcado de forma equivocada pelo juiz, foi o da defesa de Galatto, batido apenas aos 59 minutos e 40 segundos do segundo tempo. Tudo era incrível naqueles episódios. Antes de ser batido o pênalti, porém, os jogadores do Grêmio, inconformados, foram para cima de Djalma Beltrami. Escalona, Patrício, Nunes e Domingos foram expulsos em poucos minutos. Caso mais um o fosse, o jogo teria de ser encerrado e, de acordo com o regulamento, o clube causador do fim antecipado seria definido como o perdedor do jogo. Tudo no limite, enfim!

— A bola bateu no cotovelo do Nunes, mas ele protegia o corpo. Não foi pênalti! Num gesto de torcedor, de proteger sua equipe, empurrei o árbitro. Quando vi, um policial se atirou em cima de mim com o escudo e me deu um joelhaço na barriga. Caí meio desacordado — relata o lateral-direito Patricio, o primeiro a ser expulso, naquela confusão que parecia o fim de tudo.

— A toda hora acontecia uma coisa diferente. Era torcedor ameaçando e invadindo, jogando objetos, Polícia Militar dentro de campo. Não tinha como ficar concentrado. Mas eu precisava ficar. Sou um cara frio, controlado. Eu, o Chiquinho (treinador de goleiros) e o Mano conversamos no meio do tumulto. Fiquei atento. Não podia demonstrar nervosismo — conta Galatto, a personificação do derradeiro rasgo de esperança para os gremistas atônitos.

Pereira, que formava a muralha defensiva tricolor com Domingos, pensava no futuro do clube quando o pênalti foi sinalizado. Respirou aliviado quando Mano recomendou que todos se acalmassem. Havia dirigentes querendo que os jogadores saíssem do campo, abandonassem aquilo que definiam como "pouca vergonha". Domingos zanzava de um lado para o outro dentro de campo. Viu o juiz com a bola entre as mãos e foi correndo em sua direção, com raiva. Deu um tapa na bola. Claro, foi um dos expulsos. Só dizia "não aguento mais", repetidas vezes. Estava inconsolável. Fora do jogo, desceu para o vestiário, arrebentou uma porta de madeira e, com um pedaço dela, quebrou tudo que havia ali, das banheiras às pias. Foi pouco mais de um minuto do completo transtorno de Domingos, um negro alto e forte, de quem ninguém cogitava se aproximar naquele momento de loucura e raiva profunda e justificada.

Quando Ademar ajeitou a bola para bater, nenhum outro jogador do Náutico teve coragem de fazê-lo. O lateral-esquerdo foi escolhido por exclusão. Topou, mas queria estar longe dali. Galatto, aos 22 anos e ciente da missão que tinha à frente em nome do clube que acompanhava desde menino como torcedor ao lado do pai, reparou: o pobre jogador do Náutico não conseguia olhar nos seus olhos. Estava atordoado. Distraía-se repondo a terra que o meia gremista Marcel insistia em tirar da marca do pênalti para fazer ali um buraco enquanto o juiz o advertia e ele dizia ao juiz que poderia até ser expulso, porque havia sido substituído. Que tensão! Tudo ali era inadmissível. Galatto, com a serenidade que o caracteriza, chegou perto de Ademar e lhe soprou:

– Que Deus te abençoe!

O goleiro estava sendo solidário, mas, ao mesmo tempo, mordaz. "Que Deus te abençoe" pode ser tanto para proteger o colega de profissão quanto um recado: se você acertar esse pênalti, estará nos destroçando, abatendo um clube tradicional, que jamais deveria estar naquela situação. Provocando o abatimento emocional de algo como 8 milhões de gremistas Brasil afora.

Atrás da goleira de Galatto, havia dirigentes e ex-dirigentes do clube, uns ansiosos, outros resignados. Nunes, que tivera a bola chutada no cotovelo e que por isso cometera o pênalti, ainda que marcado de forma injusta, refletia sobre o porquê de aquilo ter ocorrido logo com ele.

Ao correr para a bola, desconcertado e desajeitado, Ademar chutou a meia altura. Ninguém imaginava como ele cobraria. O atacante gremista Ricardinho, ex-colega de Ademar no Santa Cruz, dissera aos companheiros que jamais vira o lateral-esquerdo chutar um pênalti na vida. Cogitara fortemente a possibilidade do erro na cobrança que viria. Estudioso de todos os batedores do Náutico, Galatto não imaginava o jeito como ele bateria. Jornalistas pernambucanos lhe sussurravam informações desencontradas ao ouvido. Os dirigentes e o pessoal da comissão técnica gremista pediam que não desse atenção a tais dicas. Pois Galatto resolveu esperar até o último instante, o momento do chute. Só então caiu para o lado esquerdo e, esticando a perna direita, conseguiu mandar a bola com a coxa para a linha de fundo, provocando choque generalizado, positivo em centenas de gremistas ali presentes e negativo na esmagadora maioria, às dezenas de milhares, daquelas arquibancadas lotadas e provocativas. O goleiro gremista sabia da imensidão do que havia feito. Mas estava impressionantemente frio, enquanto todos os gremistas pulavam e gritavam incrédulos. Seu apelido, cunhado pelo presidente Paulo Odone, era "Ice Man", o "Homem Gelo" em inglês, o que é um elogio para jogadores que atuam na sua posição e que precisam, mais que quaisquer outros, ter serenidade. Ele sabia que teria pela frente ainda alguns intermináveis minutos jogando contra um time com quatro jogadores a mais.

Nas ruas de Recife e no Arrudão, os torcedores do Santa Cruz, em meio à confusão para a cobrança do pênalti no Estádio dos Aflitos, já festejavam o título brasileiro da Série B, que só seria do Grêmio se a equipe gaúcha, absurdamente, contrariando qualquer reflexão coerente, ainda vencesse o Náutico. Ah, isso, àquela altura, era virtualmente impossível, pensavam os confiantes santa-cruzenses. Realismo fantástico e teatro do absurdo são coisas da ficção, imaginavam. Só o autor de telenovelas Dias Gomes pensaria em algo assim, com suas Sucupiras e Saramandaias. Até volta olímpica o time do Santa Cruz já havia feito no Arrudão, com uma taça *fake* arranjada de alguma maneira lá no estádio que ficava a três quilômetros dos Aflitos e que enveredava pela euforia incontida. A missão do Grêmio, mesmo com a defesa de Galatto, ainda era temerária. Os jogadores do Náutico precisavam executar tarefa aparentemente simples: em pouco menos que 15 minutos, vencer um time com quase metade dos homens que sua equipe tinha em campo. Era tempo mais que suficiente para um massacre. Não sabiam ainda, porém, do tipo de gente que estava do outro lado. Que homens briosos eram aqueles que vestiam o manto sagrado tricolor! Os pernambucanos se esqueciam de que certa vez Davi derrotou Golias. Ah, só na Bíblia, mesmo! A lógica, se é que ali ainda havia alguma lógica, era de que o Náutico iria feito uma fera para cima do Grêmio. E, ora, quando a bola bateu na coxa direita de Galatto e foi para a linha de fundo, a regra estabelecia claramente: havia ali um escanteio. Lucas Leiva, aquele grande volante, bom marcador e de passe preciso, foi para a Seleção Brasileira e para a Europa, e é algo como que um embaixador gremista mundo afora. Lucas abraçava Galatto, e Galatto lhe dizia:

– Calma, é escanteio. Vem bola na nossa área!

– Vamos dar nosso sangue – rosnou Sandro Goiano, todo um símbolo de dedicação.

– Não perdemos mais – acrescentou Pereira, outro herói, que, antes de o pênalti ser cobrado, vaticinara a defesa de Galatto e pedira, com outros jogadores, para ninguém deixar o campo, enquanto uns poucos fizeram gestos com os braços, cruzando-os freneticamente, sugerindo que não daria mais para continuar e pedindo para todos saírem, enquanto o juiz pedia calma e distribuía cartões vermelhos ao mesmo tempo em que lembrava que o pênalti ainda não fora cobrado, que nada estava perdido. Enfim, era um turbilhão de emoções e palavras impensadas.

A cobrança do escanteio foi feita de modo protocolar. Nitidamente, o Náutico ficou abalado, desmobilizado. Pereira tirou a bola da área, de cabeça. O objetivo era assegurar aquele 0 a 0, que servia como se fosse uma goleada. Mas a bola foi para o abusado Anderson, o menino de 17 anos, negro de tranças rastafári. Anderson fez com naturalidade o que se esperaria dele em qualquer situação. Naquela, todos apelavam para que prendesse a bola o máximo que pudesse. Pois ele dominou a bola e tabelou com Marcelo Costa. Era a esquerda, na intermediária. O Náutico estava desnorteado. O zagueiro Batata encostou em Anderson e o derrubou. Foi expulso! Parecia que o mundo sorria para os gremistas. Ainda haveria muito pela frente, porém. Mano Menezes aplaudia o juiz, que expulsara quatro gremistas, mas agora expulsava um adversário. Não mudaria muito, mas já seriam sete nossos contra 10 deles. O apelo que vinha do banco era para os jogadores segurarem a bola o máximo que pudessem. Marcelo Costa não fez isso. Cobrou rapidamente a falta, encostando a bola para Anderson e disse "vai, negrinho!". Eram 60 minutos e 51 segundos quando o garoto, aparentando passear por um gramado em que os jogadores adversários pareciam olhar para algum avião a fazer piruetas no céu, como ocorrera no Gre-Nal anterior ao "Farroupilha" em 1935, e, de repente, estava ele ali, diante do goleiro Rodolpho, do Náutico. Como assim? Ainda com naturalidade, Anderson simplesmente deslocou o goleiro adversário com sua hábil perna esquerda, e a bola foi posta com carinho no fundo das redes.

Foi o gol que não vi por pura covardia.

– Eu sou foda! Eu sou foda! – gritava o menino Anderson enquanto corria para comemorar com a torcida daquele que era e é seu clube do coração, pondo a mão sobre o distintivo, no peito.

Atrás da goleira de Galatto, do outro lado da goleira onde Anderson fizera seu lindo gol, o aglomerado de gremistas que não arredava pé dali se olhava incrédulo. O que teria acontecido? É sério? Gol nosso? Perguntavam aos repórteres das emissoras de rádio. Os repórteres confirmavam. Uns choravam copiosamente. Outros berravam. A maioria chorava e berrava ao mesmo tempo. Alguns desceram ao vestiário para contar o que ocorrera à turma que ficara rezando no vestiário insalubre. Foi gol, gritavam. Gol deles, claro, respondiam, com voz sufocada, os angustiados gremistas, que rezavam e procuravam acalmar Domingos. Não, gol nosso! Não podia ser, riam. Como assim? Como fora possível o impossível?!!

O jogo ficara parado por 23 aflitivos minutos. Os acréscimos ainda seriam dados pelo juiz. Anderson passou pelo juiz Beltrami e, abusado como de costume, disse:

– Não adiantou! Nós vamos vencer.

O juiz olhou para ele e, humilde, aparentando alívio, comentou: aquele gol fora para ele próprio; tirava-o da enrascada de ter errado em um pênalti cujas consequências provavelmente seriam dramáticas. Mas tudo que era provável se dobrava naquele momento. Apesar da insistência de Sandro, que lhe pedia para encerrar o jogo o quanto antes, Beltrami, um policial militar acostumado à atuação de choque no Rio de Janeiro, procurava manter a compostura e terminar tudo aquilo de forma digna. Iria e foi até o fim dos minutos que precisavam ser acrescidos, deveria se preservar de um fiasco ainda maior.

Resumo perfeito de Luiz Zini Pires no seu belo livro: "Em inadmissíveis 71 segundos, no jogo de uma vida, com apenas sete jogadores, o Grêmio defendeu um pênalti e em seguida marcou um gol. Não há feito semelhante, nem parecido, na história do futebol. O time saiu de uma derrota certa, confirmada, e festejou uma vitória memorável, inacreditável. O torcedor comemorou como se o mundo inteiro fosse azul mais uma vez. E foi."

• • •

O superintendente Antônio Carlos Verardi, o homem que age há mais de meio século nos bastidores como um guardião gremista no futebol, teve de trabalhar muito naquele histórico 26 de novembro de 2005. Ele e o executivo Paulo Pelaipe. O grupo era formado por 20 jogadores, que viveram cenas cinematográficas na preparação para o jogo. O jogo do Santa Cruz contra a Portuguesa ocorreria no mesmo horário, a três quilômetro dos Aflitos – no Arrudão, do Santa Cruz. Todos estavam contra o Grêmio, com a exceção dos torcedores do Sport, que marcara passo e não poderia deixar a série B. Ou seja, não queriam ver os dois rivais na série A com apenas eles ficando para trás. Até a operação para a escolha do hotel foi meticulosa. Os jogadores ficaram em um hotel-fazenda na Praia da Gavoa, a 40 quilômetros do centro de Recife, onde antigamente os caetés tinham suas terras. Para entrar naquele local paradisíaco, em meio a bananeiras, coqueiros e palmeiras, teria de ser furada uma segurança rigorosa, que ficava a oito quilômetros das cabanas onde os heróis gremistas poderiam dormir tranquilos.

Para despistar, os zelosos Pelaipe e Verardi fizeram reservas em quatro hotéis diferentes e ainda espalharam rumores de que o grupo ficaria em um quinto. Resultado: houve foguetório, mas tudo muito longe de onde o Grêmio estava. Se quisessem fazê-lo perto do hotel-fazenda, só no mar, em alguma embarcação. E até isso foi cuidado. Dez seguranças se postaram no caminho que levava ao mar. Na chegada ao aeroporto, a dupla Pelaipe e Verardi se fez valer da rivalidade local. Um funcionário torcedor do Sport deu pista errada para torcedores do Náutico que queriam seguir os gremistas até o hotel. Tudo estava muito bem preparado para evitar problemas. Até na hora da preleção, minutos antes do jogo, Mano fez os jogadores chorarem com vídeos das grandes conquistas tricolores, muitas delas relatadas neste livro. Havia mensagens de jogadores importantes na história do clube, principalmente em momentos de superação, e também de parentes dos boleiros. O filho de Pereira, por exemplo, era um garoto gremista daqueles de se recusar a vestir o vermelho do maior rival. E ele fez um apelo que tocou a todos. A choradeira, em ambiente, já tão tenso, foi generalizada.

Todos esses problemas haviam sido contornados. Os jogadores procuravam andar à paisana onde quer que estivessem. Nada de uniformes do Grêmio. Um ônibus com as cores azuis, pretas e brancas, estacionado perto de um hotel onde supostamente a delegação gaúcha poderia estar, foi apedrejado por torcedores locais. Pobres argentinos de meia-idade que estavam em Recife para usufruir das belas praias pernambucanas e, na hora, não entenderam o porquê de terem sido agredidos de forma tão gratuita. Mas o pior ainda estava por vir. O Grêmio teve de levar marreta e pé de cabra para o vestiário de visitante do Aflitos. Sabia que a recepção seria totalmente inóspita na casa do rival, que àquela altura já era um inimigo. O vestiário foi reduzido, estava sem ventilação. A temperatura era de 40ºC. O cheiro de tinta a óleo recém-usada nas paredes dava náuseas e tonturas. Em alguns pequenos e superficiais orifícios cavados no chão, tinta, querosene e solvente faziam um produto maléfico. Na entrada do vestiário, para piorar ainda mais a situação, havia outro fedor, talvez pior. Misturados, eram um horror. Um contêiner com lixo orgânico fora colocado na porta. Para não dar chance de escapar do inferno putrefato, funcionários do Náutico instalaram na parede de tijolos uma porta de ferro maciça, fechada a cadeado e recém-chumbada. Só se poderia abrir a porta por fora. O aquecimento se tornou proibitivo. O trabalho teve de ser mais motivacional do que físico. Aquecimento? Só dentro do gramado. Havia poucos minutos para isso, e policiais pernambucanos evitavam a passagem dos jogadores. Pereira chegou a bater boca com um deles. Das arquibancadas, claro, a hostilidade era intensa – havia até um grupo de colorados levantando uma faixa que dizia "secando o Grêmio onde o Grêmio estiver", como de costume e parodiando o hino do Lupi. De certa forma, porém, aquele vestiário deixara os jogadores preparados para o pior. Quando puderam percorrer o túnel até o gramado cercado pelo vermelho do Náutico, eles urravam em coro "Grêmio! Grêmio! Grêmio!". Já não eram apenas profissionais; eram amadores imbuídos de honrar aquela camiseta tricolor de tantas glórias. Livres das amarras da arapuca do vestiário, eles correram em direção ao local onde estavam postados os cerca de 300 torcedores gremistas. Havia muito desconforto. Mas também muita raiva.

 Lembrando-se dessa operação toda, das dificuldades enfrentadas e dos esforços de bastidores feitos para que tudo desse certo, Verardi ficou na área do estádio reservada ao Grêmio enquanto a confusão do pênalti se desenrolava. Olhava as paredes em silêncio, esperando pelo pior. Já certo do pior! Em campo, tudo ocorria, de ruim e depois de bom, e ele alheio, tentando ser prático. Já pensava na próxima temporada, nos dias duros que viriam pela frente, com o clube afundado na série B. Quando soube do desfecho daquele enredo pronto para o cinema, Verardi ficou surpreso, como vários outros na mesma situação. Hoje, define os episódios vividos em Recife como sua "maior emoção" em todos os anos de

Grêmio. Da sua retina, não sai a cena de um casal com três filhos, os cinco torcedores do Náutico, que tiveram a nobreza de aplaudi-lo, como quem aplaude a bravura do adversário, reconhecendo ali a alma brasileira, castelhana e imortal.

• • •

Aqui se encerram as sete epopeias escolhidas para desenhar o perfil do DNA gremista, a alma brasileira, castelhana e imortal. No filme *O Sétimo Selo*, de 1956, Ingmar Bergman conta a história de um cavaleiro, no século 14, que volta de uma batalha e percorre seu país assolado pela peste. Acompanhado do seu escudeiro, encontra no caminho um casal de saltimbancos. Sob influência destes, vê-se envolvido na disputa de uma partida de xadrez com a morte. Faz uma dança macabra e reflete sobre a vida em que o fantástico assume o lugar do real cotidiano.

No caso do herói de Bergman, deixo em aberto se ele vence ou não a morte.

No caso dos heróis de Mano, eles enfrentaram a morte e a venceram.

Provaram que ser gremista pode até ser aflitivo, mas nos leva ao lindo azul do Sétimo Céu!

## *Epílogo*

Tradicionalmente, o Grêmio é um clube que provoca empatia e simpatia.

Na época em que escrevo este livro, chegam notícias do Lucas Leiva – o jovem volante da Batalha dos Aflitos com seus cabelos loiros esvoaçantes –, que posta fotos dele e da família torcendo lá da Europa pelo seu inesquecível Tricolor. Do Jonas fazendo o mesmo. Do Hernán Barcos se desmanchando pelo ex-clube desde a China. São inúmeros casos semelhantes. O meia Douglas Costa, titular absoluto da seleção brasileira, ídolo nacional que não se imagina tão cedo voltando a jogar em algum clube brasileiro devido ao alto salário que recebe na Alemanha, é orientado a vestir o boné do seu Bayern, de Munique. Mas Douglas insiste em usar junto, sempre, um adereço do seu Grêmio amado. Quando passa as férias no Brasil, veste a camiseta gremista e tira fotos que vão para as redes sociais. Certa vez, por ser negro, teve de amargar insultos racistas de colorados que protestavam contra o amor persistente de um ídolo nacional pelo seu querido Tricolor. São inúmeros os casos de paixões arrebatadoras. Ex-jogadores como Ancheta, Tarciso, Mazaropi e Dinho chegaram de longe e se radicaram em Porto Alegre, tornando-se eternos gremistas – definitivamente, não é qualquer clube que tem esse histórico.

E, como eu disse acima, há as simpatias de quem vive longe – de ex-jogadores, nem se fala, ainda mais com as facilidades introduzidas pela internet. A paixão sobrevive à distância! Outro dia, ouvi o ex-meia Tcheco, que nenhum título conquistou por aqui, falar sobre a dificuldade de ser executivo do Coritiba e ter de enfrentar o Grêmio. Da paixão que seu ex-clube desperta.

Fora isso, foi emocionante ouvir o gremista Ivan Lins tocando ao piano e cantando com sotaque carioca a sua versão para o hino composto por Lupicínio. Foi lindo, em 1977, depois daquele Gre-Nal detalhado aqui neste livro, ouvir Gilberto Gil, ao visitar o amigo André Catimba, baiano como ele, dizer que gosta do Grêmio por ter o branco da paz, o azul do céu e o preto da sua pele. Tudo isso comove. E, claramente, não ocorre de forma aleatória. Empatia e simpatia...

...e coincidências próprias da imortalidade!

Quando ainda escrevo este livro, em 23 de janeiro de 2016, vem de Israel a seguinte informação: um sobrevivente do Holocausto, que passou por drama semelhante ao dos meus avós na juventude, foi definido como o homem mais velho do mundo e estava para ser registrado como tal no Guinness World Records. Detalhe: a família de Yisrael Kristal assegura que ele nasceu na Polônia em 15 de setembro de 1903. Perceberam a data? Exatamente no dia em que nasceu o Grêmio! Yisrael Kristal é irmão-gêmeo do Tricolor, ora! Pode haver até graça nisso, uma leve ironia. Esse senhor seria a personificação da imortalidade tricolor. Em Lodz, onde havia um dos mais famosos guetos europeus (bairros onde os judeus eram obrigados a ficar confinados), Kristal trabalhou numa fábrica de doces até ser enviado a Auschwitz, o terrível complexo de campos de concentração, talvez o maior símbolo do nazismo. Conforme Shula Kuperstoch, filha de Kristal, sua esposa morreu no campo, e ele sobreviveu com apenas 37 quilos. Em seguida, se instalou em Haifa, no norte de Israel, e se casou novamente. Nesse mesmo momento, ao saber de tamanha coincidência, o Grêmio tratava de enviar uma camiseta para tão ilustre irmãozinho.

Claro, o espírito bravo do clube provoca também as antipatias inevitáveis. Foram muitos embates decisivos, história afora. Algum ressentimento sempre rola. Palmeirenses, corintianos, flamenguistas, são-paulinos, muitos desses torcedores têm motivos para olhar o Grêmio com a contrariedade de quem enfrentou seu "jeito argentino", como dizem. Literalmente, é do jogo!

• • •

No final de 1981, quando o Grêmio havia sido campeão brasileiro, e o time de 1977 já deixara uma marca eterna no meu coração, eu estava saindo do Colégio Israelita Brasileiro e entrando na Faculdade de Jornalismo da Universidade Federal do Rio Grande do Sul (UFRGS), a Fabico. Adolescente típico, curtia demais bandas como Pink Floyd, Rush, Deep Purple e até a irreverente Kiss, que inspirava a mim e a três amigos sairmos mascarados no baile de Carnaval – só para afirmar nossa "índole roqueira". Eram os semideuses que compunham a trilha dos meus sonhos juvenis. Mas o ponto não é esse. Percebam: eram "semideuses", eu disse, com o cuidado que as palavras requerem. Os Deuses mesmo, com a inicial propositalmente em maiúsculas, eram os Beatles. Criei naquela época uma adoração que jamais me deixaria e que eu passaria aos filhos, gloriosamente, anos depois. Eu lia tudo dos Beatles! Sabia detalhes dos detalhes. E sobre o Grêmio também. Era a mesma intensidade ou até mais. Costumo brincar ainda hoje dizendo que reconheço ter 15 ídolos – "John, Paul, George, Ringo e os 11 heróis que por ventura estejam vestindo o sagrado manto tricolor". Aí, volta e meia aparece um gaiato, geralmente colorado, e diz que alguma eventual pereba titular do meu time seria um dos meus 15 ídolos. Hahaha! Eu rio, claro, mas assumo a idolatria até pela tal pereba. Paciência! Pereba ou não, gostando-se ou não, criticando mais ou menos, ao vestir aquela camiseta eu o via necessariamente como craque!

Garoto cheio de sonhos, eu ficava muito com meus devaneios no quarto de adolescente adornado pelos pôsteres femininos, gremistas e roqueiros. Pensava na menina por quem me via apaixonado, na porcaria que era aquela persistente ditadura militar contra a qual protestávamos nas ruas. E ouvia Beatles! E refletia sobre o time e o futuro do Tricolor! Vida boa, apesar de a ditadura ainda ter se arrastado tristemente até 1985! Certa vez, ali sozinho, escutando pela milésima vez o disco Abbey Road a todo o volume no "três em um" do meu quarto de guri, decidi: pegaria tinta nanquim e desenharia uma maçã no meu antebraço – sabe a Apple, a gravadora dos Beatles? Sim, essa, não a fábrica de computadores, por favor. Depois, trataria de pintar a maçã de azul. O nanquim eu já havia comprado fazia dias, com a minha mesada de quase universitário. A tinta e a linha eu arranjara lá em casa. E a coragem? Ora, essa eu tinha de sobra, com tanta sobra que se tornava imprudência. E, ouvindo o lado B do Abbey Road, o som MAIS ESPETACULAR que um ser humano já conseguiu emitir na face da Terra, tudo ficava ainda mais claro para mim. Eu PRECISAVA fazer aquilo! Sim, gente, fui resoluto como só os jovens, naquele momento de transe. Apliquei na minha própria pele a tatuagem de uma maçã azul, o símbolo dos Beatles e a cor do Grêmio. O meu símbolo pessoal, que sairia da alma e se estamparia na minha superfície. Mas... preciso dizer que ficou horroroso? Pois digo, então: parecia um cogumelo cinza. Deu tudo errado! Pobre do meu pai! Levou-me a um dermatologista amigo dele. Na época, não havia como tirar tatuagem sem deixar cicatriz. Eram outros e bem mais precários recursos técnicos. Restou, então, uma cicatriz no meu antebraço esquerdo, onde exercera minha suposta arte com a mão direita, destro que sou. Lamentei tirá-la, mas também lamentei tê-la posto do jeito que pus! Aquela tatuagem era todo um símbolo para mim. Beatles e Grêmio! Só faltava a namorada dos sonhos! Mas essa eu não desenharia, porque, ora, tinha noção do que poderia ser fugaz e do que certamente seria perene.

    Passaram-se os anos, surgiram os tatuadores, e as tatuagens deixaram de ser coisa de marginal ou marinheiro. Um desses caras especializados em desenhar na pele alheia fez pra mim, no braço direito, na parte superior, uma bela maçã azul. Embaixo, vem a frase "Até a pé nós iremos...". Mais embaixo, o desenho dos Beatles atravessando a Abbey Road, como na foto do disco homônimo, e, por último, o trecho "Because the Sky is blue...", da espetacular música *Beacause*, de Lennon & McCartney. Ah, esse conjunto de memórias e símbolos sintetiza a paixão do adolescente que deixei pra trás, mas que não me deixa jamais – e um dos motivos para ele se manter vivo em mim é, ora, o futebol, esse jogo que move tantas emoções genuínas, tantos sonhos, desilusões, alegrias, êxtases, frustrações, superações. E a música, claro, que a tudo dá ritmo.

Até hoje e para sempre, aquele símbolo, a maçã azul e suas legendas, estará estampado na minha pele, como uma extensão do que é perene no meu coração. Naquele antebraço esquerdo onde ainda tenho a cicatriz da malfadada tatuagem que eu fizera aos 17 anos, pus duas estrelinhas azuis, representando os meus filhos, e ainda escrevi "hai", vida em hebraico, junto aos nomes dos dois, Pedro e Paula, os gremistinhas que pus no mundo e que dão sentido a toda essa loucura, ambos acostumados aos acordes de John, Paul, George, Ringo e... Lupi.

Tá! Possivelmente você esteja pensando: que maluco esse cara! Pois saiba: hesitei um pouco antes de decidir contar aqui uma história tão intimista, tão confessional e sem censura neste livro que defino para mim mesmo como o terceiro volume da minha "trilogia tricolor". Mas contei tudo isso com alguma coragem de me expor e também com algum orgulho! Pensei: as loucuras que fiz são extensão de toda a emoção que jorrou, neste livro, dos meus dedos de escritor e jornalista, comandados por um coração que se tornou tricolor em razão da influência paterna – mas, também, pela profunda empatia com esse clube maravilhoso. E, ora, eu tinha o atrevimento e a ousadia dos 17 anos do eterno "Andershow" naquele momento de tanta aflição.

Orgulho-me de tudo, até da maçã azul que mais parecia cogumelo cinza e que depois frutificou do jeito que devia ser desde o início, só que agora no braço direito, dando lugar, no esquerdo, a duas estrelinhas tão eternamente iluminadas. Aliás, duas estrelinhas das quais meus filhos se orgulham. O gremismo imortal que trago comigo e que repasso aos meus descendentes é um estado de espírito, um jeito de ser perseverante de quem vai até a pé se for o caso, porque, ora, o céu é azul, assim como a Terra também ficou naquele 1983 histórico que relatei aqui.

O cinema não chega perto do amor que sinto pelo Grêmio e pelos Beatles, mas é uma paixão deste autor. E, neste final de 2015 em que escrevo, estreia em Porto Alegre e no mundo inteiro o sétimo filme da saga *Star Wars*. Fui com meu filho Pedro, a estrelinha que tem 13 anos agora. E, no cinema, como todo gremista apaixonado, quedei-me relacionando o número sete da saga com o número sete dos jogos que apresentei aqui e da camiseta sagrada que Renato usou.

Enfim, os mesmos deliciosos devaneios da adolescência.

Assim como em *Star Wars*, a saga tricolor supera fronteiras, emociona e está sendo contada aqui em sete episódios – mas claro que não fica restrita a eles. Se você é gremista iniciante, prepare-se: a paixão pelo nosso lindo clube proporciona fortes emoções, as quais vamos vivendo conscientes de que até podemos não estar defendendo exatamente uma causa – ou estamos?. Mas nosso Grêmio é um clube de alma generosa, plural, aberta, brasileira, castelhana e o que mais vier. Vale toda a reverência apaixonada e toda a emoção, seja ela de angústia, de sofrimento ou de vibração.

Dedico este livro à minha mulher, a Dione, que é gremista como eu, mas atura com alguma paciência e muita resignação meus excessivos arroubos apaixonados – explicitados nestas linhas que, ora, tratam justamente da mais pura paixão. Também aos meus filhos, os maravilhosos Pedro e Paula. E, claro, aos meus pais, o Henrique e a Miriam. Sem eles, eu sequer estaria aqui para contar o quanto é bom fazer parte desta ampla família tricolor, brasileira, castelhana e imortal.

Algo, enfim, que despreza os limites do espaço e do tempo.

Na sua essência, absolutamente transcendental.

IMPRESSÃO:

**Pallotti**

Santa Maria - RS - Fone/Fax: (55) 3220.4500
**www.pallotti.com.br**